MI PERFECTO YO

Para realizar pedidos de esta obra, contacte con
Liz Arizbeth Rojas al:

Tel: (773) 619 4537

Email: lizarizbethrojas@gmail.com

O en el sitio web: www.lamcrystals.com

MI PERFECTO YO
Mi chispa Divina

72 Días de Transformación

Liz Arizbeth Rojas

Alejandro C. Aguirre Publishing/Editorial, Corp.
(917) 870-0233
www.alejandrocaguirre.com

Alejandro C. Aguirre Publishing/Editorial, Corp.
1 (917) 870-0233
www.alejandrocaguirre.com

MI PERFECTO YO

Liz Arizbeth Rojas

Número de Control de la Biblioteca del Congreso de EE. UU.:
ISBN-13: 978-1725947924
ISBN-10: 1725947927

Printed in the USA

Las opiniones expresadas en este trabajo son exclusivas del autor y
no reflejan necesariamente las opiniones del editor.
Este libro fue impreso en los Estados Unidos de Norteamérica.

Fecha de revisión: 08/19/2018

Para realizar pedidos de este libro, contacte con:
Alejandro C. Aguirre Publishing/Editorial, Corp.

Dentro de EE. UU. al 917.870.0233
Desde México al 01.917.870.0233
Desde otro país al +1.917.870.0233
Ventas: www.alejandrocaguirre.com

DEDICATORIA

A todos aquellos que han sufrido los efectos devastadores del fracaso, los miedos, la depresión, enfermedad y soledad, en un mundo que, para ser aceptados tienes que encajar en los estándares del medio en que te rodea.

Este libro tiene en sus páginas las herramientas que yo utilicé para liberarme de la prisión del miedo que mantenía cautiva en un vacío a mi alma.

¡No estás Solo!

Yo estuve en sus zapatos y en esos momentos de desesperación, de vacío y soledad, aprendí lo que aquí le comparto; cómo salí del caos y empecé a abrir la puerta de los Milagros.

Cómo convertí *Mi Perfecto Yo* después de una vida descuidada de mi Templo Divino, que es mi cuerpo.

Está dedicado a usted que sólo necesita esos secretos, porque muy pocas veces los encuentras en un libro.

He logrado muchos éxitos en esta vida, pero no ha sido una rebanada de pastel, mucho menos ha sido fácil.

Ser Yo, Ser Real, Ser Auténtico no es fácil en el mundo donde nos han programado a vivir una vida sin razón ni pasión.

Esto lo escribí para ti, que no sabes por dónde empezar, y al final podamos decir y repetir:

¡YO SOY MI PERFECTO YO!

AGRADECIMIENTOS

Hashem.

A Dios por darme la fortaleza y el valor de enfrentar mi verdad y convertirme en *Mi Perfecto Yo.*

A cada una de las personas que han hecho posible este libro, que a través de los años nunca han soltado mi mano y siempre han abrazado mi Alma.

Gracias a mi amada madre Silvia Campos. ¡Te amo con todo mi corazón! Sabes que no cambiaría nada de nuestra historia, gracias por darme la vida, alas para volar y fortaleza para lograr todo lo que me proponga.

A mis Benditos Maestros, mis Mentores, les estaré eternamente agradecida por su constante guía, sabiduría y apoyo incondicional. Yo soy sólo una de muchas personas que han sido tocadas por sus almas con amor y sabiduría, sin su guía nunca hubiera convertido *Mi Perfecto Yo* cada día.

A mis amigos del Alma, por su constante apoyo y amor, por nunca soltar mi mano en los momentos más difíciles, por darme la fuerza, el valor y toda su ayuda. Su presencia en mi vida me motiva a ser la mejor versión de *Mi Perfecto Yo* día a día.

A mi esposo Rigoberto Román por su amor, dedicación y su poder silencioso. Por ser un hombre con un alma noble, su forma de ser tan poco complicada. Es la persona que llegó a poner en mi vida lo que no conocía, con su inigualable tranquilidad y cuando menos lo esperaba. Pedía a Dios un hombre bueno para ser mi compañero de vida, que me apoyara en mis sueños, en mi negocio, en mi casa, en mi vida espiritual y con quien compartir las bendiciones que Dios me da día a día. Sin duda llegó a traer a mi vida algo que no tenía y que me brindó la base fuerte que me proporciona seguridad para elevar mi vuelo.

Su amor y cuidado a mi persona, a mi negocio y a mis sueños me conquista cada día.

Gracias Rigoberto, por existir y haber cruzado tu destino con el mío. Dios nos permita ser compañeros de vida toda una eternidad.

A mis clientes y seguidores, gracias, porque diario alimentan mi pasión con sus compras, sus interacciones en mis redes sociales o en los eventos en que me presento.

Quiero llevar el poder de los cuarzos y transformar personas en todo el mundo, y gracias a ustedes vamos en esa dirección.

Gracias a mis clientes que se convirtieron en mis amigos, por la oportunidad que me dan cada día que nos encontramos.

Gracias a mis seguidores, ustedes son mi motor para que cada día sea *Mi Perfecto Yo,* donde quiera que se encuentren. Ustedes contribuyen a diario para que todo lo que hago valga la pena.

¡Gracias por confiar en mi sueño de hacer un mundo mejor!

ÍNDICE

MI PERFECTO YO

Liz Arizbeth Rojas

PRÓLOGO

"Para que las cosas cambien a su alrededor, primero deben cambiar en usted".

Siguiendo la misión empresarial y espiritual que he venido desarrollando a través de estos 34 años, la gran maestra —la vida—, me ha llevado a mí y a todo nuestro Equipo Editorial, a descubrir otra joya más, así como a otros autores y autoras que hemos atraído y descubierto en estos últimos años, para ayudarlos a convertir sus sueños en realidad. Un hermoso diamante que, por su grado de elevación intelectual, moral y espiritual, llega a nosotros siguiendo su sueño de hacer de su manuscrito una obra al alcance y beneficio de todo el mundo.

El gran inventor, ingeniero mecánico, eléctrico y físico de origen serbocroata, Nikola Tesla en sus máximas afirmaba: "Si lo que quieres es encontrar los secretos del Universo, piensa en términos de energía, frecuencia y vibración".

Liz Arizbeth ha venido en la búsqueda constante de mejorarse a sí misma, entendiendo y respetando las excelentísimas Leyes Universales que nos rigen, hallando su despertar de conciencia y propósito de vida. En esta ardua tarea, se ve comprometida con la humanidad en compartir su sabiduría proveniente de la Fuente Universal, para seguir con su evolución y dejar un legado para las próximas generaciones.

Ella está vibrando en una frecuencia muy elevada, que le permite atraer a personas y circunstancias a su vida, resultado de su constante preparación y vivencias personales.

El tiempo y la vibración en la que cada ser humano se encuentra, se encargan de suscitar hechos y atraer personas a su vida, la alta frecuencia en la que esta joven autora vibra ha sido la causa para que juntos complementemos este magnífico proyecto.

Cuando nos propuso la brillante idea de hacer su libro, inmediatamente le tendimos la mano, llevándola desde el inicio de este bello sueño hasta la cristalización del mismo. Mas aún, cuando me pidió que le colaborara en el prólogo, me sentí con el compromiso personal de darle el soporte que precisaba, es tan grato de mi parte apoyarla en esta su primera obra.

Siguiendo la extensa trayectoria profesional de esta mujer indomable y de espíritu inquebrantable, me doy cuenta de que es un claro ejemplo de superación y elevación espiritual, porque con sus sabios consejos que nos comparte en este manuscrito *"Mi Perfecto Yo: Mi chispa Divina, 72 días de transformación"*, nos lleva a descubrir un mundo nuevo de alternativas y soluciones para que desarrollemos una salud integral, completa en abundancia y prosperidad.

Como solía decir el médico de la antigua Grecia, *Hipócrates: "Que tu alimento sea tu medicina y tu medicina tu alimento"*.

En esta obra magistral, Liz nos trasmite un mensaje lleno de consejos y sugerencias para mantener una vida sana, aprovechando el poder de la naturaleza, que nos brinda los exquisitos alimentos que consumimos cotidianamente para mantener la dádiva de la vida en nuestro cuerpo material, que es el instrumento de nuestra alma.

Si nosotros aprendemos de la sabiduría que esta sapientísima autora nos comparte, daremos un giro radical a nuestra existencia, porque ella no sólo habla del alimento físico, sino también del emocional, mental y espiritual.

Hipócrates afirmaba: *"Las fuerzas naturales que se encuentran dentro de nosotros son las que verdaderamente curan las enfermedades"*.

La autora hace énfasis en el poder de las fuerzas interiores que cada individuo posee y cómo puede aprovecharlas para su mejoramiento personal y evolución espiritual.

Esta obra se caracteriza por su veracidad y sentido fraternal que Liz comparte desde lo más profundo de su ser. Complementada con poderosos mantras o afirmaciones positivas que ayudarán al lector a plantar en su mente semillas de abundancia y prosperidad.

Hay tres puntos importantes que hacen de esta hermosa joya no solo una obra de inspiración, sino un manual de vida, veamos cuáles son:

- Está escrita de manera sencilla, pero a la vez muy profunda, toca el alma del lector cuando se empieza la lectura inspirada con el corazón.

- Su contenido es veraz y resultado de la experiencia que la autora ha adquirido con el paso de los años en esta existencia terrenal. Entra en congruencia con lo que ella predica.

- La creatividad con la que está escrita en forma de guía o manual, para todo aquel que desea transformar su vida siguiendo las pautas que la autora nos marca en cada día del proceso de transformación.

- Es una obra para todas las personas que estén interesadas en conocerse mejor a sí mismas y despertar conciencia de su ser.

En su *Plan de 72 Días de Transformación* nos da la guía para que disciplinadamente y con fuerza de voluntad sigamos el camino a la salud física, mental, emocional y moral.

Son sugerencias que ella nos hace desde lo profundo de su alma, la vida ha sido su gran maestra, la ha bendecido con un sinfín de enseñanzas que ella al principio no comprendía, pero ahora con más conciencia de su ser —como ella lo expresa— han sido las lecciones más grandes de su vida.

El fracaso y las adversidades han sido los trampolines de los cuales ella se ha impulsado para seguir adelante, ahora con más claridad de pensamiento ha iniciado el vuelo para alcanzar sus sueños.

Es una mujer emprendedora con visión empresarial. Considero que esta obra es la plataforma de muchas otras que compartirá con nosotros y el mundo.

El lector hallará en esta joya un caudal de información, consejos que le permitirán abrir su mente y desarrollar elasticidad mental, ayudándolo a vivir una vida plena.

¡Demos inicio a esta mágica aventura y sigamos los *72 Días de Transformación*!

Alejandro C. Aguirre

Escritor & Conferencista Motivacional.
Fundador & Presidente de Alejandro C. Aguirre, Corp.
& Alejandro C. Aguirre Publishing/Editorial, Corp.

CARTA A LA AUTORA

Gracias Liz, por la bendición de compartirnos parte de tu vida, por las enseñanzas y el placer de tus letras. Sé que es Dios a través de ti, que se hace presente para mejorarnos y llevarnos a una vida plena. He leído tu libro palabra a palabra, letra a letra, y han llegado a lo más profundo de mi Ser, tanto lo compartido de tu persona, como todas tus enseñanzas, y efectivamente, como lo mencionan otras personas, tienes ese don, de llegar profundamente e impactar, generar y promover cambios dentro de uno, de crear conciencia para llevarnos a nuestro bienestar en los diferentes aspectos, físico, mental, emocional, espiritual y social. Tu libro me ha gustado mucho, la forma en que trasmites, tus palabras y motivación llegan a lo profundo, con convicción y certeza. Con sabiduría.

Ha sido un placer leerlo, editarlo, aprender de él, de ti y tu vida.

Se quedará conmigo y con los míos, por el resto de nuestros días, porque obras y mensajes así, no pasan ligeros por nuestras vidas, llegan para quedarse y ocupar un lugar importante en nosotros; como estoy segura sucederá con todos aquellos a quienes llegue a sus manos.

Bendiciones infinitas a ti, a tu vida, tu familia, negocio y porvenir. Sabemos que este es el inicio y que vendrá mucho más.

Tienes mucho para dar, para compartir y enseñar, desde tu sabiduría, conocimientos, experiencia, amor, buenos deseos y voluntad.

Gracias…

¡Dios te conserve y te bendiga siempre!

Dra. Ma. de los Ángeles Ibarra

Catedrática Universitaria, Médico Cirujano y Psicóloga Educativa. Editora Master & Asistente Ejecutiva.

INTRODUCCIÓN

En la búsqueda de transformar mi vida empecé a cambiar mi destino, un día desperté y mi peso estaba en 235 lbs. (106.594 kilogramos), y al siguiente 245 lbs. (111.13 kilogramos), no entendí por qué de un día a otro podía subir desconsideradamente tanto de peso. Y menos entendí por qué me costaba tanto bajar una sola libra.

En ese momento empecé a buscar profundamente, tratando de entender cómo poder bajar de peso, pues en ese tiempo tenía ya 40 años, ahora tengo 46 y no es tan fácil bajar 100 kilos de sobrepeso.

En este proceso de transformación de 72 días no solo vamos a encontrar la forma maravillosa de empezar a perder libras, sino también aprender a no perdernos nosotros. Esta obra es para todas aquellas personas que quieren llegar a ser ¨Mi Perfecto Yo¨. Bajando de peso de una manera natural, sin dietas, que no tengan rebotes, ni licuados o clases de zumba. Ya que no todos podemos hacer ejercicio, ni todos podemos gastar en los famosos licuados y mucho menos tenemos un estilo de vida que nos permita prepararnos una dieta y comer a nuestras horas.

En este libro aprenderemos a activar nuestra conciencia, para entonces convertir la comida en fuerza de Energía Divina.

Este proceso que le enseño en *Mi Perfecto Yo* es muy sencillo de manejar, perder peso, convirtiéndome en una mujer íntegra, auténtica y más saludable. Una mujer Alineada con mi propósito de vida, caminando en esta danza a la cual yo le llamo Vida en armonía con el Universo, en coordinación con todo lo que pienso, hago y hablo.

Mi Perfecto Yo, quien hoy vive en un Dharma total, en sintonicidad con la Energía de La Fuente en plena integración de *Mi Perfecto Yo.*

Una mujer con libertad de trabajar en sus sueños y ganar dinero mientras disfruta y ama lo que hace, poder convivir con las personas que amo y ser una inspiración para mis seguidores, por eso *Mi Perfecto Yo* es mucho más allá que sólo bajar de peso: "Es ser usted perfecto".

Así exactamente como está usted sanando el pasado, cerrando círculos energéticos y viviendo la vida de sus sueños cada día, en el presente, aquí y el ahora, sin los tormentosos recuerdos de lo que no fue, sin la pena de no ser lo que no pudo ser, pero lo más importante, sin remordimientos.

Hoy, en esta nueva versión de *Mi Perfecto Yo*, sólo se vive el presente, haciendo lo que es necesario para poder vivir una vejez con dignidad, sin dejar de vivir el hoy, pleno, completo y entero.

Como la Chispa Divina que Soy.

Yo Soy Eso Yo Soy,

Yo Soy Mi Perfecto Yo

Yo Soy Liz Arizbeth Rojas

I Am love, Prosperity & Crystals ©

Liz Arizbeth Rojas

MI PERFECTO YO:

"Mi chispa Divina"

72 DÍAS DE TRANSFORMACIÓN

Dios es todo, Él está en todas partes en todo. Yo soy uno con Dios, Él vive en mí, por mí, como yo. Estoy tan agradecida por este libro *Mi Perfecto Yo.*

¡Gracias Dios!

God is everything, He is everywhere in everything. I am one with God, he lives in me, for me, like me. I am so grateful for this book My Perfect Me.

Thank you, God!

Liz Arizbeth Rojas

DÍA 1

¿QUIÉN SOY?

En algún momento de la vida tenemos que hacernos esa pregunta:

¿Quién Soy en Realidad?

Empecemos por conocer nuestra realidad, solamente cuando pone su verdad enfrente puede transformarla.

Hablemos sin juicio, sin pena, sin engaño.

¿Qué edad tiene usted, la mía es 46 años?

¿Cuál es su peso actual?, el mío es 245 lbs.

¿Cuál es su condición física? ¿Alguna desarmonía llamada enfermedad?

Quién es usted, va mucho más allá de su profesión, de su trabajo o de la vida rutinaria que desempeña diariamente.

Quién es usted, no tiene nada que ver con su realidad.

¿Sabe?, yo aprendí que no era mis fracasos, que no era mis deudas, pero tampoco era los títulos que tenía.

Así como lo escucha usted, no somos nada de lo que creemos, solo somos un ser con una *Chispa Divina*, llámele como quiera, yo le llamo Alma, otros le llaman Divinidad, otros Esencia de Dios.

¡Bien, analícelo y encuentre quién es usted!

DÍA 2

MIS MIEDOS

El miedo fue la principal causa de mi exceso de peso, no solo se reflejan en mis lindas llantitas que se formaron como un fuerte cinturón de protección en mi ser, *Tercer Chakra, que es el Chakra del Poder.*

El miedo me paralizaba, por miedo no hice muchas cosas, por no fracasar, y ahí empezaron los dolores en el cuerpo físico.

El miedo de ser lastimada después de fracasos emocionales me metió en una burbuja de protección, para defenderme de no pasar por lo que ya había pasado.

Una causa de sobrepeso es creer que uno necesita protegerse o defenderse a sí mismo.

Los deseos insatisfechos dan lugar a la desconfianza, pensando que le están engañando, no recibiendo lo que se merece, o los apegos a perder lo que hemos logrado.

Sea lo que sea que te tenga en esa prisión de miedos, empiece a vivir un día a la vez.

Los miedos los tiene que reconocer para poderlos enfrentar y superarlos.

El miedo a la soledad, empiece a compartir su vida con los demás.

El miedo a no tener suficiente dinero, eso me atormentaba, vivir en un mundo al cual no pertenecía, en un país que no era el mío, me tenía en una prisión de temor que no le deseo a nadie.

Sólo pensar que, si algo me pasaba y estar tan

lejos de mi familia, me hacía sudar frío.

¡Quién se podría dar el lujo de enfermarse, no, eso no existía, pero que pánico sólo pensarlo!

Fui esclava de mis miedos hasta que puse todo en manos de Dios, no fue fácil aprender a depender de El Poder Divino.

⚜

DÍA 3

MIS ADICCIONES

En el año 2008 dejé mi adicción al cigarro, de un día a otro decidí dejar de fumar, no fue fácil, hasta hoy estoy *smoking free* (sin fumar). Pero eso era solo una de tantas adiciones que tenía y que estaba consciente. Soy adicta al trabajo y al éxito, entonces eso me ha costado tener y vivir una vida sin dormir.

¿Cuáles son sus adicciones y qué está dispuesto a hacer para transformarse y dejarlas atrás?

Que tal la adición a ser aceptado, o a competir con tener algo igual o mejor que lo que tiene la vecina.

Una de las peores adicciones en las que un día me vi envuelta, era en la adicción a los pensamientos limitantes. Firmemente creo que la ciencia ha avanzado para controlar la gran mayoría de las adicciones físicas, pero ¿qué pasa con las emocionales y espirituales?

Hay tratamientos sofisticados para salir de la adicción a la Depresión, pero no de la posición de víctima.

Maneras de cómo dejar el Alcohol, ¿qué me dice usted al respecto, de qué manera se puede salir de esa terrible adicción?

Sanemos el alma para que entonces el cuerpo sane.

Solo por mencionarle algunas adicciones relacionadas a la parte espiritual:

- Azúcar/dulces. Observe a que parte de su vida le quiere poner dulzura, ¿qué parte de su diario vivir es amargo?
- Sal/salado. ¿Qué parte le falta el sabor a su diario vivir? ¿Piensa que su vida es desabrida y sin chiste? ¿Acaso hay algo que piensa que tiene que limpiar de su pasado?
- Harinas/pan. ¿Quiere llenar una soledad o algo que pasó en su infancia? ¿Qué vacío queremos llenar con esos pastelitos o esas deliciosas pastas?
- Grasoso/frito. ¿Está queriendo disfrazar algo que no quiere que la gente se entere?
- Chatarra en bolsa y productos enlatados, son el reflejo de una baja autoestima y vacío de valores y principios.

DÍA 4

EL AMOR PROPIO

"La Perfección Divina está en cada célula de mi cuerpo, la Inteligencia Divina se manifiesta en mí en este día como Amor".

Este es uno de mis mantras preferidos que repito cada vez que me doy cuenta de que estoy bajando mi vibración.

Simplemente no puede tener éxito si no se ama, ¿cómo espera que alguien más le ame?

Amor incondicional es una palabra popular, aunque vivirla y enfrentarse al mundo entero por amarse a sí mismo incondicionalmente es muy fuerte.

Es fácil querer a otra persona, verse enamorado, perdido e ilusionado con alguien que nos está conquistando, es tan emocionante sentir esas maripositas en el estómago por aquella persona.

Pero ¿qué pasa cuando esa chispa se apaga?, cuando llega la separación y la desilusión queda uno devastado, queda uno destruido. Poco a poco se empieza a recuperar, pero siendo honestos, el proceso de cuando le rompen el corazón es fuerte y doloroso, lleva tiempo superarlo.

Ahí fue donde aprendí a amarme a mí misma incondicionalmente, a enamorarme de cada cosa que hiciera, a observarme al espejo y ver la extraordinaria mujer en la que me estaba convirtiendo.

Me enamoré de mí, de mi vida y existencia.

Empecé a amarme de tal manera tan poderosa que me puse en primer lugar.

Un día desperté y dije hasta aquí. Nunca más alguien podrá tener el poder de destruirme. Nadie podrá hacerme sentir mal, nunca me volverán a romper el corazón, nadie puede tener el poder de hacerme daño si yo no se lo permito.

Aquí le pongo un ejemplo:

Recuerdo que entraba a mis clases de Kabbalah y me decían: "Saluda". Y yo no lo hacía porque realmente no quería, no quería ser hipócrita y ellos decían: "Liz, tienes que tener amor incondicional con todos los otros miembros del centro".

Mi respuesta siempre fue la misma, el amor incondicional es primero a mí misma y la dignidad humana es primero a mi ser y no lo voy a hacer.

¿Cuántas veces tiene que saludar a quien le come el trasero, o lo peor, a quién solo habla de usted?

¿Cuántas veces se ve forzado a hacer cosas porque son las reglas o estándares de sociedad y la hipocresía?

Me decían: "Es que es de mala educación no saludar y no ser amables con la comunidad". Honestamente paré de hacer cosas porque eran los estándares y empecé a hacer cosas por convicción. "Empecé a ser *Mi Perfecto Yo*".

Honesta conmigo misma, no haciendo lo que no quería hacer y empezando a vibrar en amor incondicional.

Podrían decir que soy voluble, eso no importa. Honestamente nunca marcará usted una diferencia en las personas que no le aceptan, ya sea por su origen, idioma o por su religión.

¡No luche! ¡Ámese de tal manera que no se quede ni un segundo en la mesa de gente que no le acepta! ¡Retírese de las personas que solo le utilizan! Esta parte fue la más fuerte para mí, honestamente.

No se quede en donde no pertenece.

No se quede en relaciones enfermizas.

No se quede en comunidades limitantes.

No se quede en negocios que no tiene ganancia.

No se quede en el pasado.

Es tiempo de amarse incondicionalmente, de tal manera que nada ni nadie le reconozca, y que la misma Energía Divina le empiece atraer al lugar que pertenece.

Empiece a atraer personas que se aman incondicionalmente.

¡Es tiempo de despertar!

¡Yo soy amor, yo soy amor, yo soy amor!

DÍA 5

LOS APEGOS

Nada sube más de peso que los apegos emocionales, insanos y obsesivos. Identifiquemos algunos.

Emocionales y mentales.

- A las cosas almacenadas
- A las personas o relaciones
- Al sufrimiento
- A la posición de víctima
- A la enfermedad
- A la moda
- Al control
- A la manipulación

Los apegos son la droga mental que nos manipula en nuestra mente subconsciente. Los que nos controlan para tomar las decisiones.

Uno de mis mentores siempre me decía: "Cuando identifiques tus apegos trabaja arduamente hasta lograr desprogramarlos de tu ADN, porque ellos te tienen en la prisión del estancamiento".

Yo tengo un apego al desorden y a almacenar las cosas, he trabajado por los últimos 10 años en esa área y aún me falta mucho por mejorar.

Descubriendo mis apegos me encontré con uno un poco más grave. El llegar tarde todo el tiempo, y me di cuenta de que no es por faltar al respeto al tiempo de otros, en lo absoluto no es así. Pero es un apego insano a mi desorden de tiempo.

Mi maestra un día me dijo: "Mientras no le pongas orden a tu tiempo, el universo no pondrá orden en tu vida.

Los apegos nos controlan de una manera silenciosa, pero son más peligrosos que las adiciones.

DÍA 6

EL REMORDIMIENTO

El remordimiento es un sentimiento que no solo afecta nuestra economía, también nos da libras extras.

Cuántas veces comemos tanto, hasta llenarnos a más no poder. Después nos sentimos culpables, sentimos pena de nosotros mismos y vergüenza por todo lo que comimos, y lo primero que viene a la mente es todo lo asociado con el remordimiento de haberlo hecho.

Los remordimientos son aquellos taladros que penetran nuestra mente después de haber hecho algo que, de antemano, sabía usted las consecuencias. Solo que nuestro subconsciente y nuestro cuerpo físico lo toman de diferente manera.

Mientras la vergüenza y la culpa nos desempoderan, nuestros huesos se debilitan.

Creo que el remordimiento es la luz de nuestra capacidad, porque nos hace sentir terriblemente. Pero puede ser una gran herramienta si aprendemos a diferenciar lo que nos está enseñando. Van de la mano con los apegos y muchas veces caminan juntos, pero siempre este último llega al final.

DÍA 7

MI NIÑO INTERNO

Nuestro niño(a) interior es lo que está representando nuestro presente.

Aprendí que, si quería transformar mi presente, tenía que sanar mi niña interior.

La peor o mejor programación que se hace a un ser humano es la de su infancia. Solo necesita ver el presente para poder descubrir la niñez de alguien.

Es tan sorprendente ver que somos el reflejo de las emociones de los adultos con los que pasamos nuestra infancia, eso sin contar el tipo de vida que nos dieron. Siempre se considera desde el vientre hasta la edad de 9 a 11 años. Desde los hábitos poderosos como los valores y principios, hasta los miedos y fracasos.

Y en nuestro peso se refleja increíblemente, solo necesita sentarse unas horas a comer con alguien y ver sus hábitos al comer.

¿Le forzaban a acabarse todo lo que le servían?

¿No le dejaban escoger lo que quería comer?

¿Había escases de comida?

¿Había abundancia en la mesa, desde frutas, verduras, comida balanceada?, muy seguramente tiene una estructura física promedio.

Pero si había amenazas, "si no te lo comes viene el coco y te va a llevar". ¡Cómo cree que esto se refleja en su vida!

Que tal cuando lo forzaban a comer lo que no le gustaba. Energéticamente metían tanta fuerza discordante a tu estómago.

¡Sane el niño(a) interior y habrá sanado su presente!

DÍA 8

¿PREMIO O CASTIGO?

¿Cómo le programaron el estómago, con el premio o con el castigo? Si le dan pastel, es el premio de celebración en algún acontecimiento.

Quiero contarle, que desde que tenía uso de razón hasta hace dos años atrás, para mí el pastel era mi premio y crecí como una niña caprichosa que nunca compartía de su pastel.

Era muy envidiosa y egoísta, quería mi pastel para mi solita, no me gustaba compartirlo y menos si era de chocolate, relleno de chocolate, y con chispitas de chocolate. Me tardó 43 años sanar esa emoción y poder compartir mi pastel o mi rebanada con otros.

Muchos ven la ensalada como el sacrificio para bajar de peso. ¿Por qué esa dualidad en lo que se supone debería ser lo más sagrado? Porque nos hicieron crear erróneamente la idea que hay premios y castigos.

¿No sería más fácil tener un pastel para celebrar la vida y no solo en los cumpleaños? Algo que aprendí, es a celebrar cada mañana el don de la Vida. Cada día le doy solo premios a mi cuerpo, enseñándole cuanto lo amo. No le doy castigos y mucho menos lo programo con las ideas de que esto es solo para celebrar, o subimos muchas libras, hay que castigarlo con comida desabrida y limitada.

Le comparto un ejemplo de uno de mis super

licuados:

- Todo esto se va a la licuadora: Fresa, Piña, Manzana, Pera, Sábila, jengibre, Nopal, Perejil, Kale, Guayaba, apio, Agua de Coco, Jugo de Toronja, Miel de Agave, Linaza, Almendras, Avena.

"Ni premio ni castigo, simplemente me da fuerza y me sabe delicioso".

DÍA 9

SIMPLEMENTE MUÉVASE

Muévase simplemente, muévase un paso a la vez. 5, 10, 15 minutos o una hora, lo que su cuerpo le permita, lo que su salud tolere, lo que sea real para usted.

Siempre que busqué bajar de peso, con lo primero que me bombardeaban eran las clases de Zumba, que se pusieron de moda en estos últimos tiempos en el área donde vivo.

Pero ¿qué pasa cuando su cuerpo no se lo permite? ¿Qué pasa cuando no hay dinero, o lo peor, como en mi caso, el tiempo para ir a meterse una hora a una clase?

Creo firmemente que lo que le funciona a alguien, le puede servir a todo el mundo.

Creo fielmente que debe consultar su cuerpo y ver hasta donde se lo permite y acudir a un doctor antes de someterse a cualquier rutina.

Camine un paso a la vez. Para mí ha sido más poderoso empezar diariamente a estar consciente de cuántos pasos doy al día, para poder ver cuánto se está moviendo mi cuerpo.

Al moverse un paso a la vez, también se mueve su vida y su energía.

Muchas veces lo que para algunos es una rebanada de pastel para otros es una misión imposible.

Moverse a su paso, a su tiempo, adaptándose a su

realidad, a su verdad, a su ciudad, es más importante.

El movimiento trae nueva visión, sin duda alguna, cualquier ejercicio es beneficioso si lo pone en manos de los expertos.

¿Cuál sería su meta diaria? Solo usted la puede determinar.

Pero ¿por qué no decidirla hoy mismo y empezar hoy dando ese primer paso?

DÍA 10

SIN MALTEADAS

¡Sin malteadas, sí, así como lo dije; sin malteadas!

Lo primero que le ofrecen cuando desea bajar de peso, son las famosas malteadas y sistemas para reducir tallas.

Créalo, todos, absolutamente todos los botes de malteadas son maravillosos, me encantan, y por muchos años los he tomado y hasta los he vendido, me retiré de vender malteadas en el 2014.

Tengo amigas en casi todas las marcas que venden malteadas en el mercado y compro de vez en cuando algunas para hacerlas cuando se me antoja. Al igual que visito los diferentes *clubs* de diferentes marcas cuando lo deseo.

Pero me sorprende que en estos tiempos le sigan lavando el cerebro y controlando a la gente con sus ideas inadecuadas. Que solo lo que ellos venden es lo mejor, que es lo único que funciona.

Es tiempo de despertar, ni hay la malteada milagrosa, ni nada que esté en un bote podrá sustituir una comida o ensalada natural.

¿Cuántas veces al día tiene que comer? ¿Pregúnteselo a su cuerpo y después a su doctor?

Me encantan las malteadas de vez en cuando. Pero ¿por qué no hacerse sus propias malteadas de fruta y verduras naturales también?

¡Y le repito, me encantan las mateadas de botella, pero de vez en cuando!

¡*Mi Perfecto Yo* también disfruta los jugos naturales!

DÍA 11

MI PASADO CONSTIPADO

¿Cuántas veces tenemos un pasado que quedó constipado en nuestro presente?

Mantra 2: "Avanzo más allá de mis límites percibidos con poder y equilibrio en *Mi Perfecto Yo*".

Observe cómo funciona su estómago, créamelo, muchas veces de lo que menos conscientes estamos es de cuántas veces vamos al baño. Ni siquiera conocemos nuestro cuerpo al grado de observar el pasado constipado.

Una de las áreas donde las emociones más nos afectan es el estómago, es el primero que nos enseña que tanto hemos superado o detenido nuestra energía.

Es muy simple, la comida es energía, es la manera física que alimentamos nuestro cuerpo.

¿Qué pasa cuando eso ya fue procesado y tiene que ser desechado de su cuerpo? ¿Usted se ha percatado de lo que pasa con el alimento que se estanca en su sistema digestivo?

¿Conoce *Su Perfecto Yo,* al grado de saber hasta el horario que su cuerpo tiene que sacar todo lo procesado?

¿Observa cuando está reteniendo líquidos?

Mi Perfecto Yo conoce también mi Yo físico, que sabe las reacciones físicas.

DÍA 12

¿QUÉ PIENSA USTED?

Mientras cocina o come, ¿qué piensa usted?

Sabemos que nuestros pensamientos crean nuestra realidad.

¿Qué energía estamos inyectando a nuestra comida mientras comemos o mientras guisamos?

Poca gente da la importancia a estos dos aspectos, y hacen todo para bajar de peso. Mientras come todas esas preocupaciones de no engordar o el remordimiento de estar comiendo lo que no es tan saludable es sumamente devastador para su cuerpo. Igual de la misma manera que mientras cocina. ¿Qué es lo que pasa por su mente, es la energía que inyecta a la comida que después llevará a su cuerpo?

Muchas veces veo a las mujeres cocinando mientras están discutiendo o maldiciendo a los que andan alrededor.

¿Qué cree usted que esa comida llevará con esas palabras negativas?

Aprendí a inyectar de energía positiva mi comida, con la conciencia correcta entre rezos, mantras y pensamientos positivos mientras como. Y cuando llego a cocinar lo hago con amor y gozo, ya que es lo que inyectará salud a *Mi Perfecto Yo*.

Empiece por observar lo que pasa por su mente mientras cocina y durante el tiempo que come.

Pare de resolver los problemas o tener las discusiones en el comedor. En casa uno de los espacios más sagrados es el comedor.

Mantra 3: "Mi cuerpo es nutrido por la chispa Divina para crear *Mi Perfecto Yo*".

⚜

DÍA 13

¿A QUÉ HORA COME USTED?

Muchos comemos cuando queremos, otras veces cuando podemos y otras veces cuando lo necesitamos.

Siempre me encantó la idea de comer 4 a 5 veces en cantidades pequeñas, pero mis negocios no siempre me lo permiten.

Muchas veces seguía dietas donde me pedían porciones de desayuno, merienda y cena, y la cena era la más completa y grande.

Creo que debemos adaptarnos a la realidad de nuestra vida. Imposible que alguien que trabaja en la construcción tenga el mismo estilo de vida de alguien que está en una fábrica.

Adáptese a su necesidad, pero haga conciencia y escuche a su cuerpo.

Ese universo infinito y poderoso que habita dentro de usted tiene su propia inteligencia.

Solo escúchelo y haga un plan de horarios con consistencia y cantidad para 42 días y de ahí partimos.

Ponga colores y sabores, esmérese a tomar bajo control los próximos 42 días de su vida con la hora y la comida que llevará a su universo infinito de su cuerpo humano.

Mantra 4: "¡Gracias, acepto que mi pasado fue el perfecto maestro para *Mi Perfecto Yo*!"

Antes de dormir, un té no me cae nada mal, elija

usted, ¿cuál le gusta?
- Té de manzanilla
- Té de 1/2 limón amarillo
- Té de jengibre y limón amarillo
- Té de jengibre, canela y limón
- Limón con menta

DÍA 14

EMOCIONES QUE MATAN

¿Qué emociones enferman su cuerpo?
Enojo: Diarrea.   Tristeza: Gripe.   Abandono: Depresión.

Nunca lo hubiera creído, pero empecé a analizar que pasaba en mi cuerpo cuando emocionalmente algo sucedía en mi vida.

Creo que venía ya observando mi cuerpo por los últimos años desde el 2010, donde mi vida cayó hecha en trozos después de mi primer divorcio y la primera bancarrota. Fue un caos que destrozó mi ilusión, siempre creí que me iba a quedar con él para el resto de mi vida. Irónicamente no fue así, el divorcio llegó unos cuantos meses después de la boda religiosa. Y la cereza del pastel fue el segundo divorcio y la segunda bancarrota, todo eso en menos de 3 años.

Emociones que matan, le tumban en un caos total: Emocional, mental y económicamente, le destrozan. A mí me llevó mucho tiempo salir de todo eso.

Ahí fue donde empecé a notar como las emociones matan, pero la vez que Dios me dio una demostración fue el 26 de febrero de 2015, cuando recibí una llamada de mi maestra de Kabbalah, quien en los últimos años había sido la persona que me había guiado a conectar con Dios, superar ese caos y salir de la oscuridad en la que vivía. Pocas personas han tocado mi alma y ella es una de esas pocas, me conocía y me ayudó a superar mis miedos.

Ese día ella me llamó para decirme que se retiraba de los Centros de Kabbalah, no entendía porqué en ese momento, pero mi cielo se derrumbó en aquel instante.

Esa misma noche sin razón ni motivo, estaba con fiebre y tremendo dolor de cuerpo, me tomó 3 meses salir de esa emoción.

Sentí la emoción del abandono, que activó las memorias ocultas en mi alma del abandono de mi padre. Mi madre dejó a mi padre cuando yo nací, siempre pensé que nunca me había afectado por que tuve el amor y apoyo de mi padrastro, quien Dios puso en mi vida y fue el mejor padre que pude haber tenido.

⚜

DÍA 15

¡AMO LA COMIDA!

La báscula en vez de bajar empieza a subir.

Aprendí que todo está vibrando y lo que como también tiene su propia vibración. La comida está vibrando, cuando comemos poco resonamos que la fuente que nos creó también hizo todo lo que ponemos en el plato.

El amor y la apreciación que ponemos en el plato tienen que estar en alineación de una alta vibración. Pero nuestra mente y nuestra acción tienen que estar en armonía, con la intención que estamos creando; para ver el resultado que queremos ver.

Poner la completa intención de amor a lo que está en el plato, nos permitirá poder resonar en la energía de que lo que está en ese plato es para nuestro bien.

Y si estamos alineados con la energía de amor y sabemos que lo que está en ese plato es lo que Dios ha puesto en nuestra vida con un propósito perfecto.

Después de tanta guerra interna y tanta desconexión de ver la comida como algo que me engorda, empecé a darme cuenta de que no es la comida que me engorda, sino la energía que le pongo antes de comer.

Y comencé a repetir el siguiente Mantra:

"Dios puso este sagrado alimento en mi plato para mi más alto bien para *Mi Perfecto Yo* y sé que así es".

Llegué a una conclusión: "Si está en mi mesa es porque viene de Dios".

DÍA 16

¡ABRA LOS OJOS!

Aprendí lo importante de los primeros 60 minutos al abrir los ojos entre tantos entrenamientos y clases. Un día algo me llamó mucho la atención, sobre la importancia de prepararme al abrir mis ojos al iniciar mi día.

Le compartiré mi rutina que me da soporte para crear una vida de milagros: "Diariamente en las mañanas al despertar, empiezo dando gracias a Dios por la oportunidad del día. Lavo mis manos antes que todo para remover la energía negativa que adquirimos mientras dormimos, —lo aprendí en Kabbalah (Modeh Ani)—.

Posteriormente, me meto a mi vórtice, esto es una energía que creo, declarando "quién es quién, yo soy" y "qué es lo que tengo en ese día para crear milagros e impactar a la gente que me rodea". "Yo Soy Amor, Yo Soy Luz, Yo Soy Sabiduría, Yo Soy Abundancia, Yo Soy Alegría, Yo Soy Prosperidad, Yo Soy Salud, Yo Soy Fortaleza, Yo Soy Belleza, Yo Soy Poderosa, Yo Soy Inteligente, Yo Soy Una Mujer Exitosa en los Negocios, Yo Soy Inteligencia Divina, Yo Soy Chispa Divina…"

Hago una de las oraciones que es mi favorita (Ana Be'koach), después empiezo a crear mi vórtice mientras pongo los nombres de Dios en mi cuerpo para crear ese globo de luz y protección (Tikkun Hanefesh) y termino observando el Ángel del día, para poner mis proyectos en manos de Dios.

Leo mi lista de 100 cosas que quiero lograr y medito en visualizar como cada una de esas cosas se empieza a manifestar en orden Divino.

Todo esto me toma entre 30 a 45 minutos después de abrir mis ojos. Es la base para preparar *Mi Perfecto Yo* cada mañana, es prioridad.

DÍA 17

AL CERRAR LOS OJOS

Si tan solo supiera lo poderoso que son los 5 minutos antes de dormir, dejaría de estar observando las noticias, redes sociales, y todo lo que distraiga su mente de lo que quiere lograr en la vida.

El poder de los 5 minutos antes de dormir es poner en su subconsciente lo que le gustaría crear como realidad en su vida.

Leer la lista de 100 es muy recomendable, así como también lo es hacer una retroinspección de todo lo que pasó en su día.

Una manera poderosa también es conectándose con Dios de la manera en la que usted esté acostumbrado.

En lo personal me encanta cerrar el círculo de energía hasta este día y así poder empezar al siguiente sin ninguna deuda Kármica.

Y créamelo, no hay peor trampa que la que uno mismo se crea con los círculos sin cerrar.

Así como los dientes se lavan todos los días antes de dormir, así mismo la vida se debe limpiar antes de dormir con palabras de "gratitud".

"Este es el final del día, no hay nada que este pendiente, todo está hecho, este es el momento perfecto para que mi cuerpo descanse. Esta es una muy buena cama, este es el ambiente perfecto para descansar, estoy feliz y agradecida con este día. Ahora mi cuerpo empezará a descansar. Las células de mi cuerpo se regeneran, mi mente descansa tranquila, estoy en armonía completamente con Dios, este es el momento perfecto y me preparo para descansar y reiniciar mi misión de vida al despertar el día de mañana. Amo mi vida exactamente como es, Amo mi Perfecto Yo, ¡Gracias padre que me has escuchado!"

DÍA 18

¡QUÉ TODO RESBALE!

¡Qué todo se resbale! El impacto del aceite que cocina es igual de importante que lo que aplica o pone en su piel.

¿Qué aceites usa para cocinar? Usa aceites que se acumulan o usa aceites que lo nutren, como el ajonjolí, uva, coco y aguacate; son con los que se cocina aquí en casa.

¿Qué tipo de productos usa para su piel? Esto afecta igual o peor que lo que come. Cremas que usa para su cuerpo con un sinfín de químicos. Observe que usa y empiece la tarea, sustituya los químicos por lo natural, aquí en casa usamos aceite de coco con aceites esenciales.

Y que tal en el área emocional, ¿cuánto de lo que la gente le dice se le pega y cuánto le resbala?

Recuerda el viejo dicho: "Embárrate mantequilla para que todo se te resbale". Creo que muchos dichos son muy sabios.

¿Por qué le va a dar su poder a las personas que le critican y que nunca han estado en sus zapatos? ¿Por qué le va a afectar lo que la gente hable de usted, cuando ellos no pagan sus facturas? Pare de poner energía en lo que tendría que resbalar.

Tanta gente que ni siquiera me conoce y habla tantas cosas de mí, y ¿sabe? la verdad, es que me importa un comino. Siempre se lo digo a mi esposo: "Deja que todo se resbale, por que quien habla, te critica y te quiere desprestigiar, es solo por una razón; no trabajan en su propia basura y les es más fácil hablar de lo que no conocen". A *Mi Perfecto Yo* se le resbala todo y lo mejor es que me importa un comino.

Una vez por semana caliente 2 onzas de aceite de sésamo/ajonjolí; en la bañera úntelo en todo su cuerpo antes de bañarse, déjelo por unos 3 a 5 minutos mientras configura las memorias de su cuerpo con amor y armonía. Después dese un delicioso baño. Hágalo una vez por semana durante unas 6 semanas y observe el resultado. (Nota: Asegúrese antes si no es alérgico al aceite de ajonjolí).

DÍA 19

EL AGUA ES UN ELIXIR DE LA VIDA

El elixir de la vida: "Agua, divina medicina".

¿Cuántos vasos de agua consume al día? Creo que transformar nuestra conciencia de cuánta agua estamos consumiendo diariamente no solo ayudará a nuestro cuerpo a funcionar de una manera más fluida, sino también permitirá que nuestra energía se mueva mejor.

Creo que debe consultar con su cuerpo cuánta agua necesita y la mejor hora de tomarla, porque si toma mucha y en la noche, va a tener que levantarse al baño, interrumpiendo su tiempo de descanso.

Consulte con su nutriólogo cuánta agua es recomendable, ya que los excesos tampoco son buenos. Mucho depende de su estado de salud, y como se encuentran sus riñones, etc.

Pero le diré una verdad, a mí no me gustaba tomar agua, tuve que inventarme mil y una forma de tomar agua. Hice rutinas definiendo los mejores horarios, ya que parte de mi negocio me mantiene siempre sobre el volante de un lado a otro, tras citas o ventas, y no es tan fácil encontrar baños o ir a los sanitarios cuando uno viaja en largas rutas.

Aprenda a conocerse y a ver cómo su cuerpo reacciona después de que consuma de 16 o 32 onzas de agua, cuánto tiempo tardará antes de ir al baño.

Mi Perfecto Yo es quien se conoce también para saber esos detalles. Imagínese la siguiente estadística que es promedio, no es exacta, pero nos dará una gran conciencia.

Mujer	Hombre
60% del cuerpo es agua	65% del cuerpo es agua
83% del cerebro es agua	95% de los ojos son agua
83% de los riñones son agua	75% del corazón y 75% de los músculos son agua
85% de los pulmones son agua	

¡Mi Perfecto Yo necesita agua para limpiar cada célula!

DÍA 20

MI LISTA DE 100

En un entrenamiento con *Bill Walsh* aprendí a hacer una lista con 100 cosas que quisiera lograr, tener, o simplemente ver realizadas en mi vida. Compré una libreta y pluma nueva.

Como dice la canción: "Quería empezar a escribir un nuevo capítulo en mi vida". Hice mi primera lista de 100 cosas, entre algunas de ellas había cosas descabelladamente imposibles. Escribí todo lo que en ese momento viniera a mi mente, como quien dice, "era mi lista de 100 deseos imposibles".

La empecé a leer como si eso ya estuviera pasando o si ya lo tuviera en mi vida, la leía en las mañanas y en las noches.

Entre una de las cosas que puse en abril 2018, fue bajar a 200 lbs., algo más creíble y razonable, y diariamente me veo como una mujer de solo 200 libras, saludable, con flexibilidad, vitalidad y pasión por la vida.

La autodisciplina, enfoque, constancia y perseverancia son necesarios para este proceso. En mi lista de 100 siempre que algo se logra lo agradezco y lo pongo como hecho con una pequeña palomita. Pero al mismo tiempo aumento uno más, así que mi lista de 100 siempre tiene 100 cosas en las que mi cuerpo y mente están trabajando con armonía con el universo y están en manos de Dios.

No hay magia, solo disciplina. Lo más triste que he podido ver en muchos de mis estudiantes, es que no saben lo que desean para su vida. Lo más desempoderante que puedo comprobar, es que la gente no tiene donde dirigir su energía y crear una nueva realidad llena de posibilidades nuevas, ya que vive una vida sin propósito.

Mi Perfecto Yo tiene una pasión, una misión y una lista de 100.

DÍA 21

EL AGRADECIMIENTO

A través de esos grandes mentores y de ser parte activa en los Centros de Kabbalah, Landmark, Ciencia de la Mente, Nuevo Paradigma Multidimensional de Transformación, Empresarias del Futuro y algunos grupos más, aprendí que la gratitud es la llave de Oro de la abundancia, así que pregúntese: ¿Agradezco el proceso, de principio a fin, de cada cosa que llevo a la boca? Es un poco difícil, pero comience a agradecer cómo llegan los alimentos a su boca.

El trabajo empieza desde que alguien decidió plantar la semilla, los dueños de la siembra, los trabajadores que recogen esos jitomates o esas deliciosas manzanas, los que trabajan en las fábricas procesando esas pastas o ese arroz. Que tal la fábrica donde hacen los empaques para esa bolsa de arroz que ahora tiene en la despensa, sin olvidar la tinta o imprenta que creó esa bolsa de arroz.

¡Es tiempo de despertar y agradecer! ¿Cuánta gente está siendo impactada por el simple hecho que usted haya decidido comprar esa bolsa de arroz? ¿Cuánta gente está empacando, después acomodando en cajas? El chofer que maneja para llevarlo al almacén o centro de distribución. Siempre me imagino ¿cómo serán esas personas, tendrán un trato justo? ¿qué pasará en ese supermercado que voy y decido comprar esa bolsa de arroz, cómo mi compra impacta todas esas personas?

Y así mismo voy agradeciendo a su alma, aunque no los conozco físicamente, pero energéticamente sí, por eso lo agradezco.

Nunca digo este plato de arroz no me gusta, porque mi enfoque está en el proceso no en el sabor. Agradezco al cocinero que lo cocinó, la mesera que lo trajo a mi mesa.

Agradezca cada cosa en su vida y la puerta de la abundancia se abrirá para usted.

¡Mi Perfecto Yo es gratitud a la Perfección Divina que hay en todo lo que me rodea y así es!

DÍA 22

LA COLUMNA VERTEBRAL

Una columna vertebral saludable no es un lujo, es una inversión de una vida saludable. Si ha tenido o tiene algún problema de la columna, es recomendable ponerse en manos de un experto que haga los ajustes necesarios.

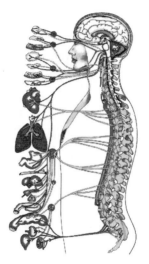

Cuando alinea su columna vertebral no solo su salud mejora, energéticamente la columna vertebral es lo que nos ancla a nuestro antakarana, que es el tubo de energía que da soporte a nuestro diario vivir. Ese antakarana nos permite estar anclados y alineados con nuestro propósito de vida, así como con nuestra misión terrenal.

DÍA 23

DESINFLAMACIÓN

Desinflame su cuerpo de todas esas cosas que le tienen alterado, no solo físicamente, también energética y mentalmente.

Hay tantas razones que nos inflaman el estómago o simplemente de un día a otro estamos reteniendo líquidos. Hagamos un breve cuestionamiento:

¿Cómo están nuestros pensamientos?

¿Cuántas conversaciones retenidas tenemos?

¿Cuántas verdades no nos atrevemos a decir?

¿Cuántos sueños no nos atrevemos a mencionar por miedo a la burla o al rechazo, o simplemente a la falta de aceptación?

Es impresionante cuantas cosas pasan por mi mente y antes de hablarlas las detengo, para poder pensar si debo decirlas, si es el momento y la persona adecuada, si acaso es mejor callar.

En el año 2016 mis pies empezaron a inflamarse, estaba segura de estar tomando líquidos y no retenerlos. Fui a ver el doctor, me hicieron estudios para ver si no era un coágulo o algo que no estaba circulando bien; esa vez aprendí que los pies se inflaman porque no circula la sangre, no tanto por el agua que retienen, aunque eso es otro gran motivo.

Empecé a trabajar con mis emociones y encontré que estaba en una relación muy tóxica. La persona con la que estaba comprometida era tan tóxica, que en esa relación mis pies empezaron a hablar de una manera increíble.

Después de hacerme un brazalete de Garnet con rubí, lo coloqué en mi pie, desde esa fecha hasta hoy me he sentido mejor. A continuación, le comparto una muy buena sugerencia para evitar este tipo de situaciones y mantenerse en mejor estado de salud.

Solución:

- Un litro de agua de jamaica natural (un puño de hojas).
- Jengibre (20 grams).
- Canela (un ramito).

Instrucciones: consúmalo diariamente por unos 10 días.

Personalmente me ayudo bastante, como sugerencia pregúntele al doctor que es lo mejor para usted.

DÍA 24

LOS HÁBITOS ZEN

Pasando por un sinfín de peripecias, en aquellos tiempos hubo un libro que impactó mi vida sobremanera, *El gran libro de los hábitos Zen* del autor *Leo Babauta*. Me ayudó a comprender estos hábitos positivos que le pueden transformar la vida a la gente, así que puse manos a la obra y empecé a tratar nuevas cosas. Estos son algunos de los hábitos positivos que aprendí en esta obra y que ahora sigo practicando:

1. "Haga una cosa a la vez".

2. "Hágalo lento y con intención".

3. "Hágalo completamente".

4. "Haga menos".

5. "Haga espacio para una actividad y otra".

6. "Practique su conexión con la Divinidad".

7. "Designe tiempo para ciertas cosas".

8. "Dedique tiempo para sentarte a contemplar".

9. "Sonría y sea servicial con otros".

10. "Haga que la limpieza y el cocinar se vuelvan un ritual de meditación".

11. "Piense en lo que es realmente necesario".

12. "Viva con simpleza".

Usted puede practicar estos buenos hábitos con mucha disciplina y perseverancia, con el tiempo podrá observar un cambio notable en su vida si lo hace de la manera correcta.

DÍA 25

EL FENG SHUI

Esta modalidad llegó aproximadamente como 20 años atrás a mi vida, comencé a aprender cómo certificarme en diferentes áreas del saber humano, creando un perfil y trayectoria personal más profesional, para tener un respaldo sólido, tanto legal como espiritual. Me emocionó tanto que hasta el día de hoy en cada ventana de la casa hay uno de los espejos que recomiendan, cada año ajusto según mis posibilidades. Esto fue algo que me ayudó en varios aspectos de mi vida.

Y aunque entre los años 2005 al 2011 poco hice de esto, ahora escribiendo el libro me di a la tarea de compartir aquí lo que aprendí, para dar soporte a otras personas, ayudarlos a no subir de peso, mejorar su salud física y mental. Son algunos buenos consejos, así que inmediatamente puse manos a la obra. Creo que todo tiene una gran verdad detrás.

Le sugiero algunos buenos *tips*:

1. Use platos azules.

2. Retire el desorden de la cocina.

3. Limpie su *closet,* saque todo lo que no use.

4. No tenga trastes extras solo lo necesario y lo que use.

5. Cierre todo y limpie su cocina al terminar de comer.

6. Evite el color rojo y naranja en su cocina.

7. Coma en una hermosa mesa, con flores naturales si le es posible.

8. La cocina se considera la parte más importante de su salud.

9. Los colores dentro de la cocina son clave, los blancos, grises claros y azules.

DÍA 26

LA CONSTANCIA ES LA LLAVE DEL ÉXITO

Constancia es algo que en mi mundo no existe, sin embargo, trato de tener constancia en todo lo que hago: "Ser Constante es un mérito".

Y es muy difícil no caer en lo rutinario y tener constancia con la conciencia correcta, haciendo las cosas que nos van a llevar a nuestro próximo nivel.

En días pasados he comentado que una de mis debilidades es el orden. Cuando todo está ordenado a la perfección hay una fuerte crisis en mi mente. No encuentro nada, todo se pierde, me altera y ya se imaginará lo espiritual se sale por la ventana y lo *'tepitera'* por la boca.

Para mí, tener constancia en las cosas, es algo en lo que tengo que trabajar fuertemente. Mientras otros pueden seguir rutinas fácilmente, no es mi caso. Sin embargo, quiero los resultados finales, así que aprendí que sin constancia no llegaría a ningún lado, por eso ahora la practico cotidianamente en todo lo que hago.

Creo que fue una de las primeras razones por las cuales tuve que cerrar mi negocio varias veces, y aquí están algunos consejos:

- "Hágalo, aunque no le guste".
- "Hágalo, aunque no quiera".

Increíblemente descubrí que tengo una constancia perfecta para ir a tomar mi café a

Starbucks todos los días, entre muchas actividades más.

Entonces le dije a mi cerebro: ¿Cómo es esto? para lo que te gusta no hay problema, ahí si hay constancia, pero para lo que necesitas no".

Bueno, creo que en esta vida seguiré puliendo cada día mi constancia.

DÍA 27

ESTILO DE VIDA

¿Emocionalmente que estilo de vida lleva? Sí, así como le pregunté.

¿Es una persona estable emocionalmente? ¿o, es como yo, toda una montaña rusa de emociones? Aunque debo de reconocer que desde que me casé, en octubre del 2017, mi vida emocional se ha estabilizado en muchos aspectos; Rigo llegó a mi vida a enseñarme tranquilidad, paciencia, humildad y tolerancia.

¿Cómo es su vida emocional? Ya que comemos por emoción más que por hambre.

Después observe su estilo de vida, ¿cuál es su realidad?

Perderá peso si sigue una dieta estricta. Pero si es demasiado estricto y no se está ejercitando, absolutamente ganará el peso de vuelta tan pronto como comience a regresar a su antiguo estilo de vida. O está bajando con algún producto que le sugirieron y bajo supervisión de una persona que cree ayudarle con un estilo de vida que solo podrá tener 6 meses, ¿qué pasará cuando no pueda sostener ese estilo de vida?

Y aquí también es bueno dar un vistazo a las cosas que acostumbra hacer los fines de semana o los días de descanso. Mi trampa siempre era: hago la dieta de lunes a viernes, pero el fin de semana como de todo. Aprendí que era mejor comer de todo, pero moderadamente y evitar las cosas que obviamente ayudan a ganar peso a cualquier persona.

A veces es como sacrificar un poco el gusto y dar prioridad a lo que su cuerpo necesita con un estilo de vida saludable en mente, cuerpo y alma. Cambie a una alimentación más saludable, ejercite su cuerpo diariamente, funciona para toda la vida. Además, ¡vivir sano le hace sentir excelente!

DÍA 28

LA MEDITACIÓN

Hay un sinfín de maneras de meditar, muchísimas modalidades. Personalmente creo que todas son muy efectivas y poderosas.

Yo aprendí en el 2010 a meditar en un Centro que se llama Ciencia de la Espiritualidad, con el Maestro *Sant Rajinder Singh Ji Maharaj,* y por el tiempo que pertenecí me encantaba su sistema donde le dan 5 nombres en sánscrito, para poderlos repetir y dominar la mente; también en ese tiempo me hice vegetariana.

Y sin duda alguna, fue cuando empecé en la danza de la vida a dar saltos cuánticos a mi despertar. Me retiré en el momento que había aprendido de ahí lo que necesitaba aprender y pasar a otra Dimensión Energética.

Después empecé Reiki, ahí uno medita mientras le pasan energía.

Al poco tiempo encontré en ese mismo año 2010, Nuevo Paradigma Multi-Dimensional de Transformación, en donde aprendí a meditar con la Energía del Universo. Hasta esta fecha no solo medito, sigo enseñando a las personas esta clase de energía, para la cual estoy Certificada como Maestro de Energía y como Maestro para entrenar Maestros. Así mismo soy de las pocas hispanas certificadas por esta organización a nivel mundial, para dar la clase de 13D, que prácticamente es enseñar a canalizar a las personas.

En 2011, aprendí como meditar con los 72 Nombres de Dios, en los Centros de Kabbalah, hasta hoy lo sigo haciendo, mi esposo ya lo aprendió. Ahora enseño a todos mis estudiantes las diferentes maneras de meditar. Para usted que apenas comienza, solo silencie su mente, quédese quieto y observe su respiración.

Los beneficios de meditar en su vida diariamente, así sea un minuto, tres o media hora, ayudará a que mejore su salud física, mental y emocional. Uno de los grandes beneficios es encontrarse a uno mismo y la relación que uno va construyendo para desarrollar la conexión que tenemos con una Conciencia Universal llamada Dios.

DÍA 29

EL HAMBRE

¿Tiene hambre? No solo hágase esa pregunta, sino realmente piense en la respuesta. Preste atención a las señales que le está dando su cuerpo: Si tiene hambre física o simplemente desea comer con frecuencia, el deseo de comer es lo suficientemente fuerte como para que sea difícil distinguir entre el hambre física y el hombre emocional o el deseo de comer. Si está luchando con esto, intente con esta pregunta: ¿Se comería una manzana en este momento?

Si la respuesta es no, tómese un momento para reconocerlo. Considere si necesita o quiere comer ese alimento, si le ayudará o le impedirá alcanzar sus metas, y luego de tome una decisión consciente sobre si la va a comer o no. Esto es algo que es importante que se debe tomar en cuenta. Lo lleva a ser más consciente de sus elecciones, y muy a menudo ayuda a las personas a comer menos. Esto es especialmente cierto si evita comer cuando no tiene hambre.

Antes de comer pregúntese: ¿Tengo hambre físicamente, es realmente hambre o solo sed? ¿Tengo hambre para alimentar mi cuerpo físico o solo mi deseo? Analice la respuesta y empiece a estar más consciente de donde se originó su hambre.

DÍA 30

LIMPIEZA INTEGRAL

Una limpieza cada 6 meses es indispensable en el cuerpo físico. ¿Qué tal el alma, cada cuando la limpia?

¿Cómo está su aura, su cuerpo emocional y sus sentimientos? ¿Está libre de equipaje o está sobrecargado mentalmente, aunque escultural de cuerpo?

Todo, absolutamente todo tiene que tener un balance:

- ¿Qué tal una limpieza de colón, suprarrenales, arterias, páncreas e hígado, y de paso, de Sangre?

- "Nada es más necesario e importante que sacar lo que no necesitamos dentro, desde las toxinas, las células muertas de la piel, hasta los números de teléfonos de la memoria del teléfono"

Recuerdo que en un entrenamiento con Bill Walsh nos dijo: "Si quisiera ver cómo está tu vida, solo te pediría que abras la cajuela de tu automóvil".

¡Whaooo! ¡Me sorprendió! Inmediatamente pensé en todo lo que traía en mi cajuela del carro. ¡Outch! Golpe al hígado directo, a limpiar la cajuela al salir.

Pero lo más fuerte que escuché ese mismo día, fue: "Borra todos los contactos de tu teléfono y empieza solo poniendo aquellos números de las personas que son importantes para ti".

¡Oh no! Pensé, esto no tiene sentido. Pero lo hice, ahora hay muy pocos contactos en mi teléfono.

No solo se limpia el cuerpo, también es importante limpiarnos de la gente tóxica, pues esa es la peor barrera que no nos deja avanzar.

Hay muchos sistemas de limpieza, pregúntele a su doctor cuál es el más apropiado para usted.

DÍA 31

NORMAS PARA COCINAR

¿Conoce el *standard* de la temperatura para cocinar?

A menos que sea cocinero, Chef, o tenga la Licencia de Sanidad, como aquí en USA para manejar los alimentos, ya que nunca nos enseñaron los peligros de las temperaturas para cocinar, aunque digan: "Un huevo cualquiera lo sabe freír".

¿Sabía que una comida dejada más del tiempo debido a cierta temperatura se vuelve un peligro?, porque se convierte en una bomba de bacterias.

Pues el tema es muy extenso, pero se lo menciono porque al querer bajar de peso tiene que asegurarse de no estar poniendo más bacterias en su plato, que le llevarán a un dolor de estómago, gases o reflujo. Y espiritualmente estará alimentando las toxinas mentales —pensamientos limitantes—.

Temperaturas seguras para los alimentos, ayuda a reducir el riesgo de enfermedades que uno puede contraer debido al crecimiento de bacterias en alimentos que no se mantienen a temperaturas seguras. Mientras los alérgenos alimentarios pueden enfermar a las personas que tienen alergias alimentarias, la presencia de los alérgenos no es afectada por temperaturas frías o calientes. El control de las temperaturas es muy importante para los alimentos que necesitan control de tiempo y temperatura para su seguridad, así como la carne, pollo, pescado, huevos y productos lácteos.

La temperatura en zona de peligro (TDZ) entre los 41°F y los 135°F, es la más favorable para el crecimiento de bacterias. Es muy importante que los alimentos que necesitan control de tiempo y temperatura para su seguridad (TCS) permanezcan el menor tiempo posible en este rango de temperaturas.

Estuve como Gerente de Producción por casi 9 años y después pasé a la posición de Gerente de Operación en una fábrica de Comida Kosher, así que esto lo tomo muy enserio, porque conozco los riesgos.

⚜

DÍA 32

EL PODER DEL PENSAMIENTO

No se alucine después de 30 días, rompa la costumbre y agasájese de lo que más le guste en la comida. Pero cuide su pensamiento, porque si supiera todo el poder que tiene, lo usaría para crear una realidad totalmente diferente a la que vive.

Creo que ya ha escuchado del poder del pensamiento, ya que ahora muchos hablan de ello. Ha sido increíble lo que he aprendido en *Ciencias de la Mente* y de los libros de *Ernest Holmes,* especialmente de la importancia de lo que hay en nuestro pensamiento y crea nuestra realidad.

Sabemos que existe una presencia en el universo que llamamos Dios o Inteligencia Infinita, Principio Universal o como guste llamarle.

Aprendí que lo más difícil era controlar mi mente, pero una vez que empecé a aprender, vi los resultados inmediatamente. Cuando pensaba en limitaciones y miedos, ¿qué cree usted? Las cosas limitadas y tragedias se presentaban.

Cuando pensaba en que no hay ventas, ¿qué cree que sucedía? Así era.

Usted sabe que el poder del pensamiento tiene atracción o repulsión, ya que son cualidades mentales y puede usarlos con una intención definida y clara. Si supiera usted como puede ayudar a otras personas con su propio pensamiento, visualizándolos que ellos están bien, con salud, una vida próspera o que viven felices, y en su pensamiento los ve realmente exitosos y sonrientes.

Así mismo aplica para usted, solo piense en todo lo positivo que quiere en su vida. Insisto, "solo piense en todo lo positivo que desea para usted, use su pensamiento como el transporte para llevarle al viaje de lo inimaginable".

Es ir en ese *Roll Royce* a la mansión de lo posible, nuestra mente tiene todo el poder de Dios para transformar nuestra realidad. Deje de pensar en todo lo negativo que pasa en su vida y a su alrededor, solo piense en todo lo positivo que quiere tener, imagínese con todo eso ya en su vida. ¡Usted puede hacerlo!

¿Quiere a su alma gemela con usted? Solo piensa todo lo que juntos podrían hacer, cómo transformaría el mundo con esa persona, dónde irían juntos de vacaciones, a quién le gustaría invitar a su boda, atrévase a soñar, siempre lo digo en las redes sociales: 'Soñar es gratis, atrévase a emprender un viaje donde pueda crear una realidad diferente a la que tiene.

¿Busca recuperarse de una enfermedad? Visualícese con todos los atributos de Dios, con esas cualidades que Él le dio: Un cuerpo sano, perfecto y entero. Somos uno con Él. Con su pensamiento puede visualizar a la persona sana, caminando con flexibilidad, sin dolores, sin eso que un doctor dijo que era incurable, y siendo la perfección divina.

Cuando los achaques llegaron a mi vida, me repetía mentalmente: "Dios es Sano", "Dios es Perfecto", "Yo Soy Parte Dios y Él Vive en Mí y Conmigo como Una Perfección".

Cuando mis finanzas estaban en total caos y

desarmonía, empecé a repetirme:

"Dios provee todas mis necesidades hoy mismo. Él es la única fuente de mi infinita abundancia y el banco del Universo tiene más de lo que necesito".

Me veía tranquila, con dinero en mi cartera, me veía como la gente me llamaba para hacer órdenes. Recuerdo que me repetía: "Mis cuarzos se venden alrededor del mundo, mi energía corre y va para transformar a personas en diferentes países del mundo".

Mis "canalizaciones de cuarzos" las empiezan a usar gente famosa, quienes me recomiendan y me mencionan en sus conciertos de multitudes.

Un día mi negocio estará exhibiéndose en la Avenida Michigan y en la Quinta Avenida de Nueva York, así como también estaremos en esos grandes y prestigiosos desfiles de París, Italia, Londres, México, Nueva York; mi Joyería canalizada llegará a estar tanto en las tiendas más reconocidas, como a la accesibilidad de la comunidad que lo necesite.

Vea que tan fácil se puede emplear la mente para crear una realidad, que, aunque no existe, empieza a atraer alguna realidad muy diferente a la que vive en este momento. Vivir en la realidad es una base, pero entrenar su pensamiento a cambiar esa realidad le llevará a su próximo nivel, en donde encontrará lo que piensa que le hará feliz o simplemente a estar en una total y diferente vibración.

En mis Clases de Prosperidad he aprendido tanto, que trato de no perderme la de los jueves a las 7 pm. He aprendido este secreto que ahora compartiré con usted:

"No puedes estar en dos frecuencias al mismo tiempo: En la frecuencia de la necesidad, de la preocupación, de las facturas que se tienen que pagar y en la de la abundancia; son dos frecuencias totalmente diferentes. Entonces, en mi mente solo veía como mis deudas iban disminuyendo. Empezaba a visualizarme diariamente ir al banco y a llevar un depósito y que las cajeras me sonreían. Me veía como me llegaban pedidos directamente de las minas. En la actualidad me entregan directamente de Nepal, India, México, Brasil, Pakistán y Marruecos. No todo se volvió realidad en un momento, pero vamos en esa dirección".

¿Y usted, qué realidad va a crear con su pensamiento?

¡Atrévase a soñar, es gratis! ¡Es hora de despertar!

DÍA 33

DORMIR BIEN

Si alguien ha sufrido ese mal, aquí estoy, durante muchos años dormía de 3:00 a 6:00 o 7:00 de la mañana. Desde que tuve uso de razón no dormía, solo unas 3 a 4 horas en la noche y una o dos horas durante el día. Era devastador como se podrá imaginar. El no dormir bien no permitía que mi cuerpo se recuperara.

Como sabrá usted, el tiempo que dormimos es cuando nuestro cuerpo se regenera, pues bien, ¿alguien está conmigo en esta danza de la vida?

No quiero poner medicamento en mi cuerpo y nunca me lo dieron de pequeña. Agradezco tanto a Dios, es que mi madre tuvo la sabiduría de cómo lidiar con mi inteligencia, cualidades e imperfecciones.

¿Usted duerme bien? ¿Le cuesta trabajo dormir? Si usted duerme bien, entonces su cuerpo está bien descansando y le responde mejor. De lo contrario, se le dificulta despertarse y se siente con baja energía todo el día.

En los últimos meses he dormido muchas más horas de calidad, no he hecho nada diferente, solo pedir a Dios que me permita empezar a recuperarme y restaurar mi cuerpo mientras descanso en las noches. Le sugiero hacer lo mismo. Hay un gran poder para recuperarnos mientras dormimos, sin duda alguna. El resultado directo de sus horas de sueño, el tiempo de ejercicio y la dieta, serán clave para obtener su máximo rendimiento. Así como su energía, enfoque y capacidad para soportar sus proyectos diarios.

DÍA 34

MIS ZAPATOS

Nadie está en mis zapatos, lo digo muchas veces y lo seguiré diciendo, así como también le digo que en muchas cosas de su vida he estado en esos zapatos. Si tan solo supiera el poder que tienen sus zapatos energéticamente, "ellos son los que trasportan sus proyectos". Sus zapatos son esa parte importante que nos sirven de base como transporte energético, personalmente los escojo con mucha precaución. El tiempo de tener un montón de zapatos y todos sin usar almacenados en el armario ya pasó, ahora inteligentemente tengo los que uso casi a diario. Honestamente los que traigo puestos ahora, fueron un regalo de unos amigos en mi cumpleaños, que de ser mis clientes se convirtieron en mis amigos y ellos me mandaron dinero para unos tenis, así que empecé mi cumpleaños con un par nuevo.

Así como también procuro empezar el año con unos nuevos zapatos, siempre busco que sean cómodos y que den soporte a todos mis sueños, no solamente a mis libras de mi cuerpo físico, pero sí al peso de mi alma, con todos los proyectos que Dios ha puesto en mis manos.

Los zapatos que usa influyen en cómo se siente cuando camina y lo mejor, en toda su columna vertebral directamente. Creo que más que buscar unos que estén de moda, busquemos unos que nos proporcionen la misión que Dios tiene para nosotros.

Algo que he aprendido también en la escuela de la vida, es a limpiar las energías discordantes cuando las cosas no están yendo en la dirección que busco ir, así, igual que después que he visitado un hospital o un panteón, no es superstición, simplemente no es energía que quiero llevar en mi caminar. Los limpio con un poco de vinagre blanco con un trapito y quedan listos para continuar esta danza, a la cual yo le llamo: "Vida, caminando en mi Ser Divino, en mi Perfección a los lugares correctos en la dirección indicada de *Mi Perfecto Yo*".

DÍA 35

EL PODER DE LAS PALABRAS

Después del poder de los pensamientos, creo que el segundo secreto que me gustaría compartirle desde el fondo de mi corazón: "Si no va a hablar con poder, mejor permanezca en silencio".

Aprendí que no hay nada, absolutamente nada que pueda dañar más su alma que el hablar de otras personas, el chisme es una de las peores cosas que solo le traerá miseria y desarmonía al ser humano.

Kabbalísticamente, el termino en hebreo *de Lashon hara,* significa evil tongue, y sin entrar a la parte religiosa, empecé a tomar más conciencia de mis palabras, ahora, cada vez que hablo, lo hago positivamente y trato de estar así cada día.

Nuestras palabras tienen el poder que viene de esa fuerza creadora del universo, es ese aliento de vida, es esa parte que puede hacer que su vida sea lo más increíble y maravillosa que usted pueda imaginar, o lo más ruin y miserable que no haya imaginado nunca.

Aléjese, no se detenga ni voltee atrás cuando encuentre a alguien que se pase maldiciendo y hablando mal de los demás o lo peor aún, diciéndole todo lo malo que le va a pasar.

Aprendí en la Kabbalah, por qué no era recomendable cuando uno iba a que le leyeran las cartas o la mano etc. ¿Sabe a qué me refiero, correcto? Bien, porque en muchos de los libros sagrados no es permitido que nadie decrete su futuro. ¿Se imagina a alguien diciéndole lo que le va a pasar? Y qué tal si Dios tiene otro plan, pero ya alguien creó esa energía para usted. Y lo mejor de todo es que si busca más información, se dará cuenta del poder de sus palabras, simplemente observe con quién se rodea.

Me ha pasado muchas veces y créame, me he tenido que alejar de personas que quiero mucho porque solo se la pasan hablando de lo malo de la economía, de enfermedad y de la vida tan ingrata que llevan. He estado en festivales donde mis amigas empiezan quejándose que no se vende nada, que no hay gente y si no me pongo alerta me engancho a su historia y es ese momento donde empiezo a declarar mi verdad.

Mi verdad es que "Yo Soy Abundancia, Prosperidad y Armonía. Las personas que acuden por mis productos llegan fácil y contentos a adquirir todos los que necesitan para satisfacer felizmente sus necesidades".

Observe qué está cantando, también qué programas está viendo.

En el 2011, unas de esas veces, hablando con mi maestro, le preguntaba: ¿Qué más puedo hacer? Él me contestó: "Regala todos los televisores de tu casa, el horno de microondas y el radio. Para de escuchar tanta tragedia".

Y así lo hice hasta el día de hoy. Hoy mis palabras, trato lo más que me es posible solo usarlas para empoderar a otras personas, transformarlas, para hacer mis programas de radio o hacer negocios.

Cuido mucho lo que pienso antes de hablar, pero aún tengo mi ración humana, como todo ser humano, a veces se me sale lo *tepitera*. Y como dice mi mamá: "Pagamos por no oírte". Mi esposo también suele recalcarme: "Hablas hasta por los codos si te hacen enojar".

Bien, pues sigo trabajando en esa área. Pero sé que ahora usted les dará un poder positivo a sus palabras para crear una realidad diferente.

¡Mi Perfecto Yo se creó decretando diariamente!

¡Hoy yo soy la mejor versión de mí mismo, Yo Soy Mi Perfecto Yo!

DÍA 36

MI SOCIO

Después de tantos fracasos en los negocios y en mis finanzas, no sabía que más hacer. Suplicaba al poder infinito que me guiara para poder salir de esa situación, aunque sigo en el proceso, pero no estoy como empecé ni he llegado donde quiero estar, tengo la plena certeza que pronto lo lograré.

Pero la vida me empezó a sonreír, lo que antes era una agonía total, ahora empezaba a cambiar, tal vez los que tienen algún negocio me comprenden un poco.

Tener negocio y que su negocio sea su única entrada, no solo para mantener el negocio, sino para mantener la casa y los gastos más indispensables. Que dependa totalmente de ver si vende para comer, o ver si le pagan lo que le deben para poner gasolina al carro.

No deseo a nadie esté en esa posición, pero si tiene negocio y es soltero y no hay ninguna otra entrada de dinero a su hogar más que el suyo, esta siguiente línea es para usted.

"Encontré el secreto e hice a Dios mi mejor Socio".

Sí, así como lo oye, pedí al Poder Infinito del Universo, a *Hashem,* mi Dios, que si podríamos asociarnos, que yo solo sería la administradora, pero que pondría *I am Love Prosperity and Crystals/ Energía del Corazón Cósmico* en sus manos.

Tomé a Dios como mi Socio mayoritario y le empecé a preguntar a la inteligencia infinita todas las dudas que tenía.

¿Qué camino seguir? ¿Qué decisiones debía tomar?

Le pedí que me presentara a los dueños de las minas, que me guiara para saber cuáles eran los siguientes pasos que debía dar. Que revisara su lista de contactos para que pusiera en mi camino las personas correctas para hacer negociaciones justas, entonces *Mi Perfecto Yo* se convirtió en una mujer exitosa en los negocios, gracias a mi mejor Socio.

Constantemente repito los siguientes Mantras:

"Mi Negocio es Negocio de Dios".

"La Inteligencia Infinita me da la sabiduría de ofrecer lo mejor a mis clientes".

"Yo Soy Una Mujer Exitosa en los Negocios".

"Mi Cuenta de Banco se Mantiene en Perfecta Armonía con la Abundancia del Universo".

DÍA 37

¿CÓMO DUERME USTED?

Dormir del lado izquierdo es una bendición. Hígado: La opción más beneficiosa para el hígado es descansar sobre el lado izquierdo hace que secrete sus enzimas hacia el tracto digestivo. Las medicinas orientales, como la India, tibetana, china o tailandesa recomiendan esta posición.

Estómago, bazo y corazón cuelga hacia la izquierda: El regreso de los fluidos al 80% se halla a la izquierda. Naturalmente, dormir de lado (bazo) es más sencillo y la linfa drena hacia ese lado, ayudando a producir con la mayor fuerza del corazón una digestión eficiente; facilita su trabajo.

No recomendado: dormir del lado derecho dificulta la digestión. Agrava las arrugas y en las mujeres, la flacidez de las mamas.

Boca arriba o boca abajo, propicia el ronquido, ya que dormir sobre el estómago dificulta el paso de aire y el pecho se dificulta, puede provocar dolores en la respiración fluida. Causa dolor en la parte baja de la espalda y en el cuello también.

DÍA 38

UN CUERPO FÍSICO A TIEMPO

Un día lo aprendí muy bien, que lo único que necesitaba para hacer negocio era salud, sin ella no llegaría a ningún lado.

Pocos tenemos el tiempo, el dinero o los medios para ir a hacernos un chequeo general y ver nuestra realidad. Firmemente creo que, sin importar el resultado, tenemos que ser muy realistas y buscar los medios para hacerlo una vez al año.

¿Cómo está su tiroides? ¿Acaso será esa la razón de lo cual su cuerpo no baja esas libras de sobrepeso?

¿El hígado como andará? ¿Será acaso que por eso nos dan los famosos bajones de energía?

"Los riñones están digiriendo el fluido de la vida".

¿Qué música trae su corazón?

Sus dientes, ¿cuándo fue la última vez que tuvieron una limpieza?

Mi Perfecto Yo es quien está consciente de su ser.

¡Es hora de despertar y empezar a empoderarnos, con esa mágica realidad de información temprana y tomemos al toro por los cuernos!

DÍA 39

EL DIEZMO

Diezmo significa décima parte, y eso es una costumbre desde el tiempo de la Babilonia, por cierto, muy bíblica, pero sin entrar a la parte religiosa le hablaré más de la parte energética, así de simple.

El dar el 10% de sus ganancias al lugar espiritual o a la organización que pertenece, o simplemente llevar con ese dinero comida a las áreas donde se necesita, es muy placentero y trae muchas bendiciones.

El Diezmo es una de las leyes de la vida, es fundamental para poder salir del caos económico, así como para lograr una estabilidad económica o incrementar su capital.

Hay muchas versiones del diezmo, según la práctica espiritual que siga o la religión, investigue más con ellos cómo funciona.

Solo quiero que esté claro, que no es lo que le sobra, o con lo clásico que yo crecí, viendo poner la famosa limosna en la canasta. Ni es limosna ni es lo que le sobra, la ley es clara, es exactamente el 10% de lo que gana.

Depende de cada persona, a mí me tomó mucho tiempo aceptarlo y practicarlo. No necesariamente lo doy a mi casa espiritual, lo hago donde el corazón me lo indica en ese preciso momento.

Algunas veces compro comida y la llevo a los

menos afortunados. Otras lo doy a *Oak Park Religious Science Church,* que es mi centro espiritual de *Science of the Mind* y a la Sinagoga a donde atiendo para Shabbat, que es mi casa *Espiritual Temple Shalom Chicago.*

Mi Perfecto Yo encontró esa estabilidad por medio del diezmo.

DÍA 40

LA RESPIRACIÓN

Respirando con conciencia.

Es una de las necesidades básicas que nos ayudan a seguir en este plano con este cuerpo físico en la danza de la vida. Podemos vivir unos días sin agua, una semana sin comida, pero no más de un par de minutos sin respirar. ¿Está usted consciente de ello?

Cuando realmente enfocamos nuestra atención a nuestra respiración, es importante reflexionar al respecto.

Personalmente me llamaba la atención esos suspiros profundos que no sabía de donde salían. O cómo mi respiración se aceleraba cuando algo me molestaba. Y lo que era peor, es cómo me congestionaba cuando las cosas estaban fuera de mi control.

Es increíble, poner más atención a nuestra respiración es ponerle atención a la vida misma. Hay ahora un sinfín de modalidades que nos enseñan varios tipos de meditación por medio de la respiración.

Siempre que nos enojamos, ¿cuál es el primer consejo que nos dan? "Respira profundo y cuenta hasta 10".

Bien, si empujan mis botones, aún contando hasta el 100, reacciono, es un instinto reactivo en el cual estoy en proceso desde hace 15 años de transformar.

Mi Perfecto Yo acepta que no hay nada malo en reaccionar, es mi parte humana.

DÍA 41

EL ÁRBOL

¿Ha escuchado lo poderoso que es ir a abrazar a un árbol? Pues bien, lo he hecho muchas veces, un día aprendí que era una terapia para sanar emocionalmente. Conforme iba y lo practicaba podía comprobar lo bien que me sentía y como me anclaba a la tierra.

Poco a poco me fui más allá de solo abrazar a un árbol, también lo agarré de confidente, era en esos tiempos en que no sabía que Dios me podía escuchar.

Me ponía a contarle al árbol lo que a nadie me atrevía a decirle. Era mi confidente, ese mi árbol preferido. Hasta la fecha es algo que me llama mucho la atención y no fue hasta hace unos años atrás que me di cuenta de la diferente manera que cada árbol crece, sus ramas de diferentes estilos y de las reacciones que también ellos tienen.

Me sorprende su fortaleza, de cómo resisten el cruel invierno y florecen para primavera. Sé que hay una Inteligencia Infinita detrás de todo y sé que el reino vegetal también es parte de esa Divinidad.

El abrazar un árbol es una de las cosas que más me confortaba cuando no sabía ni por dónde empezar. Era tan poderoso que no solo alineaba mi espalda, me anclaba a la tierra, pero me limpiaba mi aura y me llenaba de fortaleza.

Siempre ha sido una opción y es gratis, hubo un

tiempo que lo hacía casi diario.

En este tiempo lo hago de vez en cuando, lo necesito cuando tengo nervios, estoy angustiada, cuando no entiendo por qué las cosas están pasando, así o cuando necesito anclarme.

Mi Perfecto Yo es uno con la fuerza de este árbol.

DÍA 42

MI DIOS YA NO ESTÁ EN EL CIELO

Esto si es un poco religioso, pero al fin de cuentas, es la propia verdad de mi verdadero yo. No quiero herir la sensibilidad de nadie, es simplemente mi realidad.

Por muchos años, desde que tengo uso de razón, mi Dios estaba en el cielo, así fui creada con esa idea limitante y no hay nada malo con eso, así fue como criaron a mi madre y ella solo siguió las mismas tradiciones.

Yo le pedía y le rogaba a ese Dios que estaba en el cielo, esperaba con ansias el domingo para ir a misa, llevaba en mi mente mi lista para mi Dios, tal vez corría con suerte y el próximo domingo me escuchara.

Empecé Kabbalah y ahí conocí la otra parte de Dios, el que tiene reglas, el que nos dice el sábado no se trabaja, el que nos dio días sagrados donde ayunamos por completo; hasta la fecha me siento muy bien siendo estudiante de kabbalah y atendiendo a una Sinagoga.

Pero "Ciencias de la Mente" me enseñó algo más profundo aún, a bajar a Dios del cielo y no esperar hasta el sábado en Shabbat o al domingo a la misa.

Me enseñó a pedirle a ese Dios Poderoso que estaba dentro de mí. Aprendí que yo soy a imagen y semejanza de Él. Así que no tenía que esperar, solo tenía que estar segura de que Dios está en todo lo que yo viera, está en todos los lugares que yo fuera y en todas las acciones que yo hiciera.

Sí, así mismo, aquí en estas líneas Dios está conmigo escribiendo para usted. Empecé a ver a cada ser humano como una parte de Dios.

Empecé a notar que todo lo que mis ojos ven y lo que mis manos tocan, así como todo lo que mis oídos escuchan, todo es de Dios, porque esa inteligencia Divina vive en todo.

Hoy mi Dios está en cada cosa que hago. Creo firmemente en *Hashem,* un Dios de amor. Un Dios poderoso que me provee todo lo que necesito en el momento perfecto. Un Dios que me guía en cada paso que doy y un Dios que me da la fuerza y la vida para seguir en la dirección que está en su plano divino.

Este es mi concepto de Dios, el único Dios verdadero. Un solo Dios que no tiene imagen ni semejanza de ninguna manera en este plano terrenal. El que creó la luna, las estrellas, los planetas, así como creó mi propia vida, podría escribir un libro entero, pero sin entrar en controversia ni herir ninguna creencia solo expresar mi realidad.

¡Yo creo que Dios es el todo, en todo, sobre todo, y así es!

DÍA 43

LA AGENDA

Me encanta enseñar en una de mis clases el poder de la agenda, y no precisamente por que quiera tener orden en todo lo que hago.

La agenda para mí va mucho más allá de lo que es la parte física, mucho más que el estilo y el pedazo de papel para organizar. Me aseguro de escogerla completamente a mi gusto, algo que me recuerde la importancia en general.

Procuro tomar una de esas en donde al abrirla se ve el mes completo. En mi clase les menciono que mi agenda es el GPS de mi ser, ya que en ella está escrito donde voy a estar.

Con quién tengo reunión, con quién estaré haciendo vida social o simplemente negocio. En mi agenda estaba escrito este tiempo para dedicarlo a hacer esta obra.

De no ser así, estas líneas nunca serían una realidad de *Mi Perfecto Yo*. Escribiendo sobre líneas algo hermoso para aportar en positivo a las personas, que en algún momento de la vida han pasado por una situación similar o parecida, en cualquier parte del mundo.

Mi agenda no solo dice con quién tengo reunión, también dice cuánto dinero voy a ganar en esa reunión.

Hay muchas formas de utilizar una agenda, pero a mis estudiantes les enseño que la utilicen con la conciencia correcta y con poder para transformar su realidad. No solo para ver todos los días aburridos de trabajo o las indeseables citas al médico. En la mía está desde las conexiones con Dios hasta mis ratos libres, los eventos a los cuales asistiré de enero a diciembre, las metas que tengo para cada mes, así como también la cantidad de dinero que entra a mi banco diariamente.

DÍA 44

COMO LE VEN LO TRATAN

Aquí le comparto mi concepto, firmemente no creo que "como me ven me tratan". Creo que como estoy me tratan, mire, si mi vibración esta alta y estoy en mi vórtice, no importa que ropa traigo puesta.

Por mucho tiempo estuve programada a que, si me visto con ropa de vestir, tengo más credibilidad. Que, si traigo zapatos de vestir, la gente pensará que soy un verdadero empresario o un emprendedor.

Despierta, es pura falsa programación de las mentes mediocres del sistema limitante, que todavía les quiere vender la idea que el mundo es redondo y que los elefantes rosas existen.

No le hace diferente la ropa que trae puesta, recuerde no es la ropa lo que le hace diferente, es la actitud con la que va por la vida, la vibración a la cual está conectado y lo que está creando con su mente.

Conozco tantas personas que andan bien vestidas, pero no traen ni para un café. Conozco muchas otras que siguen limitadas a creer que los tacones les dan más personalidad, ni los tacones le dan el prestigio que su integridad le da.

En un entrenamiento con *Bill Walsh* me sorprendió ver 10 millonarios, de los hombres que realmente son millonarios, no con un negocio de 5 sucursales, gente que realmente saben que es ser millonario, que tienen *Jets* privados y *lamborghinis* en el garaje de sus mansiones.

Ninguno de ellos se presentó de traje Armani a nuestros entrenamientos, ellos estaban vestidos con ropa más simple de lo que usted piensa.

Uno de ellos comentó: "No traigan una cartera de $300.00 dólares con $30.00 dentro, compren una cartera de $30.00 e inviertan los $270.00 que les sobran para que junten su primer millón".

Personalmente no creo que como me ven me tratan.

¡Dios nunca permita que mi ropa represente mi esencia Divina!

DÍA 45

EL ÉXITO

Tanta gente busca desafanadamente el éxito, que no le importa lo que tenga que hacer, ni por quien tenga que pasar con tal de lograrlo.

Pero La Ley de la Inteligencia Infinita es perfecta. Hay que estar claros, ¿qué es el éxito para cada uno de nosotros? Mientras para mí el éxito se representa con una Vida abundante, para otros se puede representar con el reconocimiento, etcétera.

Para muchos el éxito lo representan con el resultado obtenido, el título que lograron al final de una carrera o la posición en un trabajo.

Yo pasé por todos esos escalones, por eso los conozco. Identifique qué es el éxito en su vida y cómo lo representaría de una manera que no sea el resultado, sino el proceso.

Mi éxito no es haberme casado por tercera vez con un hombre noble, el éxito es la mujer en que me convertí en el proceso para atraer al hombre correcto a mi vida.

Mi éxito no es bajar de mis primeras 10 libras al escribir este libro, mi éxito fue el proceso de investigación y todo lo que aprendí en el transcurso de convertirme en *Mi Perfecto Yo.*

Mi éxito no es tener un Negocio que empieza a despegar como pensé que sería desde el principio, ha sido el proceso de tantas frustradas experiencias que me permitieron aprender cómo hacerlo mejor cada vez.

Mi éxito es el total de venta después de un *show*, realmente es la experiencia de la gente que conocí y la manera en cómo pude impactar a cada persona que Dios cruzó ese día en mi vida.

Mi concepto de éxito es el vivir el proceso al máximo, no el resultado.

DÍA 46

LA ESCRITURA

Creo firmemente en el poder de la escritura. Creo en los códigos que se forman al escribir y creo firmemente que todo lo que se escribe tiene una más alta posibilidad de que se realice a lo que solo se piensa.

Creo en ese talento que todos tenemos por derecho Divino. Creo que todos somos autores de nuestra propia vida. Creo que todos al escribir podemos impactar a más personas.

Para mí escribir las cosas, sigue siendo tan importante como soñarlas, imaginarlas y declararlas.

Es inimaginable como mi lista de 100 a traído a la existencia a *Mi Perfecto Yo*. La autora que en el 2014 decidió escribir un libro sobre los cuarzos, porque siempre pensé que sería el primer libro que saldría al público y míreme aquí, usted tiene en sus manos una copia de *Mi Perfecto Yo*. Mi primer libro de 5 que ya tengo terminados, y sin duda alguna, en armonía con la Inteligencia Infinita algunos más por salir, en su momento correcto o como yo digo: "Al Tiempo de Dios estarán disponibles para usted, estimado lector.

La Inteligencia Divina siempre apoya todos mis proyectos, me llena de esa inspiración Divina en la conexión de *Rosh Hashana* (nuevo año judío). Sé que hay un mundo afuera que se transformará con mis libros, otros tantos que podrán tener unas nuevas ideas para ver la vida. Soy parte de este mundo infinito de posibilidades donde nunca se pierde el poder de un libro.

Pongo mi parte para motivar a otros a leer y a inspirar a aquellos que todavía están indecisos de escribir su libro. Creo firmemente que mi ejemplo habla más que mis palabras y mi escritura quedará plasmada para poder llegar a esos lugares donde realmente se necesita.

Porque sé que soy *Mi Perfecto Yo,* un ser completo, perfecto y entero, enseñando a otros a brillar en lo misma danza llamada vida.

DÍA 47

EL CAMBIO

Como recuerdo el impacto que causó en mi vida el día que vi la película "El Cambio (*The Shift*) con Wayne Dyer, no creerá cuantas veces la repetí para poder entenderla, eso me hizo ver mi realidad de ese momento. Fue muy difícil aceptar en lo que el poder de una posición me había convertido.

Muchos tenemos pánico al cambio, especialmente cuando ese cambio es desconocido e inseguro.

El cambio a movernos de nuestra zona de comodidad. El cambio requiere riesgo, renunciar a lo conocido y seguro.

El Cambio es una de las cosas que más temor me da, sé que esta vida todo es movimiento y todos es cambio, pero una cosa es decirlo y otra vivirlo. Me molestaba tanto cuando la gente me decía: "Todos los cambios son para mejor o todo será genial", etc.

El Cambio es algo que se tiene que tomar con pinzas. Y no hablo del cambio de estilo de calcetines o de color de cabello, hablo de los cambios decididos que impactan. Una nueva práctica espiritual, un nuevo círculo de amistades, un nuevo estilo de vida sin limitaciones.

Sigo trabajando en ello por el momento, le puedo compartir que es algo que no hago sin mi mejor Socio, Dios y sin su inspiración divina.

Los cambios para mí han sido lo que me ha

permitido estar ahora escribiendo en estas líneas sin tenerme que preocupar de si mi renta la completaré o si mañana tendré para la luz. Los cambios que han impactado más mi realidad son los cambios en mis creencias limitantes, los cambios en mis percepciones, a un Dios castigador, esos cambios ahora me tienen en diferente posición en esta danza llamada Vida.

DÍA 48

LA PRISIÓN EN JAULA DE ORO

A través del tiempo me he dado cuenta de que cada uno forma su propia prisión mental, esa que nos limita a no vivir una vida plena. Por mucho tiempo viví en una prisión sin puertas, que eran mis ideas limitantes.

Hemos sido programados a todo lo que escuchábamos de niños, sentimos culpa si empezamos a tener una vida diferente a la que tuvieron nuestros padres.

Nos encerramos en nuestra propia prisión de Oro, con todos esos conceptos que creamos como una realidad y no nos atrevemos a salir porque tenemos miedo a ser diferentes, porque inconscientemente sabemos que tal vez no seremos aceptados. A veces tenemos esas alas, pero ni siquiera queremos volar.

Recuerdo algo que me hizo ver que mi jaula de Oro solo yo me la había creado, un día en mi primer matrimonio con mi esposo tuvimos una discusión y algo que le dije, era que desde que me había casado ya no había vuelto a ir a patinar sobre el hielo como lo acostumbraba a hacer cuando estaba soltera. Él me contesto: "No vas porque no quieres, yo nunca te de dicho que no vayas y mucho menos tú hubieras aceptado que yo te lo prohibiera, así que si no vas es definitivamente porque no quieres".

Eso me hizo reaccionar increíblemente, como en mi mente yo había creado mi propia película de que él se molestaría si yo iba a patinar ya de casados.

Ese es un solo ejemplo de cómo uno mismo se hace su propia película mental, que nos mantiene prisioneros en una jaula de Oro.

Rompa las cadenas limitantes mentales y salga de esa prisión.

Mi Perfecto Yo abrió la jaula, salió para volar en la danza de la Vida.

DÍA 49

SANO, DELICIOSO, FÁCIL Y DIVERTIDO

Esta es la regla de *Mi Perfecto Yo,* antes de decidir qué comer, tiene que ser algo sano y ser fácil de digerir en mi estómago y debe de ser divertido el disfrutarlo.

Empecé a comer sin culpa, comencé a comer sin prejuicio, inicié a comer con conciencia.

Un taco es sano, delicioso, fácil y divertido, además, ¡cómo lo disfruto!

Un tamal es sano, delicioso, fácil y divertido, además, ¡como lo disfruto!

Una ensalada es sana, deliciosa, fácil y divertida, además, ¡como lo disfruto!

Quité la idea errónea de disminuir y empecé a sustituir.

Quité el miedo de que se iba a terminar y solo empecé a comprar lo que realmente me iba a comer.

Quité la idea de que esto hace daño, me causa cáncer, alergia, no me gusta, removí toda la negatividad no solo de la lista de mis amigos, terminé retirándome de todas las personas tóxicas, así mismo lo hice con la comida.

Receta natural de limpieza de colon con miel y manzana.

Ingredientes:

Una manzana, una cucharadita de miel *raw honey* (para endulzar), una cucharada de semillas de chía, una cucharada de semillas de linaza molidas y una taza de agua.

Instrucciones:

Mezcle todos los ingredientes excepto la chía. Vierta el contenido de la licuadora en un vaso de vidrio preferido y agregue la chía. Siga removiendo la bebida hasta que las semillas de chía hayan comenzado a expandirse (aproximadamente 5 minutos). Bébala diariamente antes de la comida más fuerte o por las mañanas.

DÍA 50

MI CUERPO

El autor y conferenciante estadounidense *Jim Rohn,* solía decir: *"Trate a su cuerpo como un templo, no como un depósito de basura. Su cuerpo debe ser un buen sistema de soporte para la mente y el espíritu. Si lo cuida lo suficiente, su cuerpo lo puede llevar adónde quiera ir, con el poder, la fortaleza, la energía y la vitalidad que necesitará para llegar".*

Es importante hablar no de solo de cómo cuidar nuestro fisico, energéticamente, sino hablar también de los lazos Kármicos Sexuales.

Es un poco serio este tema, especialmente cuando aprendí que los lazos Kármicos sexuales duraban aproximadamente 6 a 7 años después de haber estado con esa persona. Esto sí que cambió todo mi concepto en el 2010 cuando lo aprendí.

Después en Kabalah, aprendí que hay guías para poder tener una relación sexual sin Karma. No hablaré mucho de este tema, le sugiero leer el libro de *El Sexo* y *La Kabbalah de Yehuda Berg.*

Así como es la primera cosa que hacemos en todas las clases que doy. Para mí la meditación de romper los lazos Kármicos es la primera que doy, ya que cuando remueve esos lazos, remueve la energía que le une a esas personas que tal vez ya ni están en su vida. No puede empezar algo nuevo sin haber limpiado el pasado.

DÍA 51

ACEPTAR Y RESPETAR

Acepte lo que es diferente para usted y respete cualquier persona que no piense como usted, recuerde, todos estamos en nuestro propio proceso cada uno estamos aprendiendo nuestras propias realidades. Parece mentira que en estos tiempos el odio y la discriminación por práctica religiosa se ha incrementado. Personalmente lo he vivido muy de fondo, el ser rechazada, segregada o ignorada por ser una mujer con diferente práctica religiosa con diferente creencia. Si ha sido más las veces que me han discriminado por seguir el judaísmo que por mi color de piel. Y lo peor, es que es dentro de la misma comunidad.

Sabe, ¿cuántas veces se me han rodado las lágrimas al ver cómo me critican por tener mi cabello tapado? Por no seguirles la corriente en las charlas se burlan de mí y me hacen bullying por vender cuarzos.

¿Cuántas veces me hay llamado bruja por creer en el poder de algo que ellos desconocen?

¿Sabe cuántas veces me han segregado de reuniones por ser diferente?

En las redes sociales me han insultado diciéndome que no se escribe así, que se escribe de esta otra manera. ¿Sabe cuántas veces me corrigen por que hablo al revés en la mayoría de las oraciones?

¿Sabe cuántas veces me humillan a mi inteligencia, haciéndome sentir estúpida por no participar en sus fiestas porque no me gusta ir a divertirme o por el simple hecho que no me gustan los ambientes de farándula?

Acepte y respete a cada ser humano, todos tenemos nuestro propio proceso. Cuando acepte que en este mundo Dios creó la diversidad, será poderoso.

———— ⚜ ————

DÍA 52

NADA ES ETERNO

Nunca olvide que nada es eterno, ni los buenos momentos son eternos ni los malos son para siempre.

Todo pasa. Todo se mueve. Todo cambia. En donde está no siempre va a estar y a donde va no será eterno.

En los momentos más caóticos de mi vida, como me ayudó esto. Nada es eterno, esto también va a terminar y llegarán tiempos mejores. Mientras uno lo vive no ve la salida, solo piense que nada es eterno.

Las deudas un día tarde o temprano se terminan de pagar, a todos los que pensaron que no iba a salir del hoyo en el que me encontraba, han visto que poco a poco he ido saliendo. Aun me falta una parte más por liquidar, pero nada es eterno también eso lo voy a liquidar.

A los que me vieron fracasar y pensaron que nunca me iba levantar, nada es eterno y tengo un Dios todo poderoso que me tomó de la mano y me ha levantado con misericordia.

A todos los que me han ayudado incondicionalmente, solo piensen que nada es eterno, ya empezaremos a tener tiempos maravillosos, tiempos mejores, y entonces continuaremos empoderándonos unos a los otros.

Nada es eterno, *Mi Perfecto Yo* es un constante

movimiento con la Inteligencia Divina.

Nada es eterno, todo cambia, todo pasa. Todo llega al tiempo de Dios, tarde o temprano nos llega lo que más anhelamos.

DÍA 53

LA CÁNDIDA

Cuando mi quiropráctico me dijo que tenía que hacer un plan de 33 días sin: Azúcares, harinas, dulces y sin carne; me quedé paralizada, especialmente porque no sabía qué iba a comer, pero hice este procedimiento.

Un régimen sin alimento a la cándida y que iba a ser antiinflamatorio, que promueve la buena salud intestinal y elimina los azúcares que alimentan un crecimiento excesivo de cándida. Esto incluye verduras sin almidón, algunas frutas con bajo contenido de azúcar, granos no glutinosos, alimentos fermentados y proteínas saludables.

Estos son los principales principios del régimen para no alimentar la cándida:

- ✓ Evite los azúcares añadidos.
- ✓ Corte la comida chatarra.
- ✓ Coma verduras sin almidón.
- ✓ Ingiera pequeñas cantidades de frutas con bajo contenido de azúcar.
- ✓ Disfrute de proteínas saludables.
- ✓ Use grasas y aceites saludables.
- ✓ Minimice su consumo de cafeína.
- ✓ Coma granos no glutinosos.
- ✓ Disfrute de muchos alimentos sanos, vegetales frescos y crudos.

DÍA 54

FLORES DE BATCH

Son una serie de 38 esencias naturales para tratar situaciones emocionales como miedos, soledad, tristeza, decepción, ansiedad, pánico, desesperación, estrés, obsesión y muchas otras emociones. En tiempos donde me sentía totalmente agotada, encontré esta maravillosa opción para dar a mi cuerpo lo que los doctores no podían. Aprendí de ellas hasta el punto de ser mi primera opción. Son esas gotitas mágicas que sanaban mis emociones. La primera que traté fue la esencia de olivo y hasta el día de hoy es lo que me ayuda a no sentirme agotada. Le invito a que investigue más acerca de estas esencias, sé que unas de ellas le encantarán. Esta es una alternativa que los doctores no pueden recetar. Ellos no tienen la medicina para nuestras emociones.

Las flores de Bach llegaron en el tiempo de Dios a trabajar duro con mi cuerpo emocional y como decía mi maestro: "Cura tus emociones y tu cuerpo se curará por añadidura".

Hay cosas alternativas que no se pierde nada con tratarlas o conocerlas, tal vez no sean para usted o tal vez sean esa medicina perfecta que dará soporte a su vida.

DÍA 55

EXFOLIE SU PIEL

Una vez por semana o si es muy sensible cada 10 días. No necesita una gran fortuna, puede hacer sus propios exfoliadores en casa, es muy divertido.
Ejemplo:
- ✓ Azúcar morena 85%
- ✓ Aceite de ajonjolí o coco 5%
- ✓ Miel 8%
- ✓ Aceite esencial de menta 1%
- ✓ Aceite esencial de lavanda 1%

Es solo una idea, seguro encontrará mil y una manera de hacer diferentes recetas. Remueva todo lo muerto de usted, no lo necesita, haga espacio para que lo nuevo crezca.

Empiece con la piel y siga con las emociones, ¿por qué seguir odiando a quien le hizo daño hace muchos años?

Mire a esa persona, tal vez ya ni se acuerde de usted, pero usted sigue pensando en que es la víctima.

DÍA 56

LA CENA

Tiempo de cenar.

Lo ideal es que la última comida sea a las 6:00 pm., no más tarde de las 8:00 pm., considerando que duerma entre 10:30 pm. a 11:30 pm.

Personalmente me encanta cenar a las 11 pm., cuando termino mi jornada laboral, en ese momento divino puedo sentarme en mi lugar preferido y tomar mi té.

Tomando conciencia de que la cena es lo que menos se digiere, aprendí a comer en cantidades grandes durante el día para no tener esa hambre desesperada a la hora de dormir.

Esto es lo que ya no como antes de dormir:

- Pizza
- Tacos de carne asada
- Hamburguesas
- Tortillas hechas a mano

Esto es lo que como y varío de vez en cuando:

- ✓ Sopa de verduras.
- ✓ Ensalada de varios verdes (verduras), solo con un poco de vinagre rojo, limón, un pizco de sal y aceite de olivo.
- ✓ Un *cheese sticks* (barritas de queso) con dos *crackers* (galletas crujientes).

Por supuesto, mi té nunca falta. Tomar el té en la noche, antes o después de cenar o solo, es muy cómodo porque eleva la temperatura del cuerpo, permitiendo que la digestión se acelere y metabolice más rápido los alimentos, por ende, al día siguiente amanecerá con hambre.

En mi caso, me da mucha hambre al despertar.

¿Cuál sería para usted su cena perfecta?

DÍA 57

ALGUNAS ALTERNATIVAS

Terapias alternativas en el 2018, solo por mencionar muchas de las cuales estoy certificada:

- Flores de Batch
- Aromaterapia
- Aceites esenciales
- Gotas de lluvia
- Sesiones de energía,
- Acupuntura
- Acuprensión
- Reflexología
- Cromoterapia
- Tratamiento con imanes
- Sanación con bioenergéticos
- Hidroterapia en agua caliente
- Flotamiento en agua de minerales
- Meditación, etcétera.

Hay muchas y variadas maneras de sanar cuando se quiere salir de la prisión de la enfermedad. Aquí solo menciono algunas que he experimentado personalmente. Todo funciona de una u otra manera, todo es para mejor. Solo busque y trate por usted mismo.

DÍA 58

ALCALINICE SU CUERPO Y SU FUTURO

Me encanta hacerlo dos días sí y dos días no. Dos días en las mañanas y dos en la tarde. Usted deberá buscar la mejor forma de hacerlo y ver si su cuerpo aguanta. Esta es una de las maneras:

- ✓ 1 vaso de agua más caliente que fría, pero no tan caliente.
- ✓ ½ Limón.
- ✓ Una pizca de *Baking powder* (Levadura en polvo).

Tomarlo en ayunas o antes de dormir. Pero asegúrese de comprar *Baking* que no tenga aluminio. Me encanta la marca *Red Mill* que también es *gluten free* y *Kosher.*

Pensé que no era la gran cosa, pero si marcó una gran diferencia.

Así como entra el balance a su cuerpo alcalizándolo, de la misma manera recuerda hacerlo con su futuro. Observando los pensamientos que le llevarán a crear desarmonía en su vida.

No somos solo el cuerpo que tenemos, somos seres de energía, somos almas, somos seres de luz.

¡*Mi Perfecto Yo* se transformó!

DÍA 59

CON LOS LENTES DE AUMENTO

Muchas veces vemos solo lo que queremos ver y otras tantas solo creemos lo que nos conviene creer. Es muy fácil caer en el circulo vicioso de la trampa de ver con los lentes de aumento. Vemos la basura de todos los demás, pero no vemos nuestra propia basura. Vemos las cosas malas en los demás y no tomamos el tiempo de ver lo de nosotros.

Un día me di cuenta de que una amiga solo me veía con los lentes de aumento, todo lo que veía en mi eran mis defectos e imperfecciones. Se la pasaba criticando mis fracasos. Todo lo que hablaba era del triste futuro que me deparaba bajo sus lentes.

Bendito Dios, nada de eso ha sido realidad, como siempre digo yo: "Tengo un Dios Grande, Omnipresente.

Siempre me preguntaba, ¿por qué no ve mis cualidades de la misma manera que yo lo hago con ella?

En los últimos años cuando mi vida cayó en el caos total, siempre me invitaba a comer, pero siempre se pasaba diciéndomelo. Dentro de mi pensaba que tan rápido olvidó todos los años que la ayudé, todo lo que yo hice por ella.

Pero recuerde, no intentamos cambiar a nadie, solo hay que tratarlos con amor y compasión, y retirarse de ellos, no merecen estar a nuestro lado.

DÍA 60

EL ACEITE

El aceite para cocinar.

Una de las cosas que más me frustra es que los restaurantes aún no hagan el cambio de aceite para cocinar, por esa razón muchas personas consumen fuera de casa aceites en comidas que no ayudan en la prevención de enfermedades.

Hay solo 3 aceites que uso en casa:

- ✓ Aceite de coco
- ✓ Aceite de uva
- ✓ Aceite de ajonjolí

Debido a que estos no cambian su estructura molecular.

Recuerde el aceite es la base de la comida.

DÍA 61

NI DELICADITA NI CHOCOSITA

¿Vegetariano, sin gluten, de todo, o solo Kosher? Se puso de moda ser vegetariano o *gluten free* (sin gluten) o muchos otros estilos de ser saludable en los últimos tiempos.

Por unos 4 años me hice vegetariana y fue bueno, aunque juzgaba a todos los que no lo eran.

Cuando me di cuenta de que eso era solamente por seguir un *standard* del grupo de meditación al que pertenecía en ese momento, me percaté que era más mi ego el que me hacía sentir especial que el beneficio que tenía.

Un día en una cena de Kabbalah, me sirvieron carne Kosher y dije: "No como carne, soy vegetariana".

Me sentí rara, en ese preciso momento decidí no ponerle etiquetas a mi vida. Empecé a recobrar mis raíces, a comer de todo con medida y agradecida de tener que comer cada día (agradecimiento).

"Porque entendí que en mi vida no quería limitaciones, que no era malo lo que entraba por mi boca si no lo que salía de ella".

Aprendí las reglas Kosher y caí enamorada de sus beneficios, no para mi cuerpo físico más para mi alma. Desde ese entonces (2011), hasta hoy en casa solo comemos comida Kosher. Pero lo más importante es que no me limito ni me siento culpable ni pongo excusas, como donde sea, ¿sabe usted por qué? Porque recordé que un día no tuve para comprar comida y eso me hizo humilde y agradecida con Dios y la vida.

Mi lema desde ese momento es el siguiente: "Si Dios lo pone en mi mesa es por qué es lo que mi cuerpo necesita".

¡Y solo lo agradezco y lo bendigo!

DÍA 62

Y CUANDO MÁS NO SE PUEDE

Agotamiento + Años.

A través de los años me di cuenta qué es el agotamiento, lo viví varias ocasiones porque tenía que dormir en donde fuera que estuviera, debido a mi trabajo. Eso me llevó a una búsqueda intensa para encontrar una solución natural, había abusado mucho de mi cuerpo trabajando 20 horas seis días a la semana por los últimos 20 años.

Una vez escuché una receta muy buena para sopa, en la que tenía que poner diferentes colores de verduras en agua, como, zanahorias, apio, ajo, cúrcuma, cebolla, chayote, papas; todos los vegetales que estuvieran a mi alcance y así lo hice.

Los puse hervir con sal, un poco de especies naturales, los escurrí y empecé a tomar ese caldo durante todo un día. Al otro día al amanecer me di cuenta de que lo que me habían dicho, que podía reponer los minerales importantes de mi cuerpo, se había cumplido. Me dio mucha fuerza. El agua de los vegetales es un maravilloso reparador de energía.

Un día cada 2 semanas no cae mal. ¡Haga la prueba!

DÍA 63

EL DESCANSO

¿Descansar yo, no estoy joven?

Eso solía decir cuando era joven, no necesito descansar ahora, a mis 46 años cuenta la fatiga adrenal, el insomnio que viví por tantos años viviendo el estrepitoso estilo de vida en Los Estados Unidos.

Como empleados y dueños de negocio, tenemos que tomar la decisión consciente de descansar un buen sueño, es fundamental ya que permite que nuestro sistema inmune regenere, además que nos brinda un ambiente tranquilo. También es muy importante para que podamos pensar mejor, ya que el sueño no solo repara nuestro cuerpo físico, sino también prepara nuestra alma y la revitaliza.

DÍA 64

DECISIONES INTELIGENTES

Decisiones:

- Saque toda la comida, considere lo qué no debe comer de su despensa y su refrigerador, toda esa comida que no le va a dar fuerzas a su proyecto.

- Decida cada luna nueva, imagínese que quiere comer, entonces empiece una lista para que sepa que debe de comprar cada semana. Eso lo debe hacer cuando no tiene hambre, así le ayudará a saborearlo mejor. En esta lista también puede poner, cuándo o dónde quiere ir a comer, porque es parte del saber controlar que ponemos en nuestro cuerpo.

- Defina que pondrá en su refrigerador, compre solo lo que vaya a comer, creo que es mejor tener el dinero guardado que comprar comida y después tirarla a la basura; eso es dinero perdido.

- Firmemente creo que Dios hizo el reino vegetal y que solamente es una decisión de ponerle el sabor a esas ensaladas o a esos nopalitos, un poco de imaginación se necesita y no tiene que ser aburrido o sin sabor; ¿qué quiere poner en su estómago?

- Tome la firme decisión de integrar comida sana a su cuerpo, que tal los germinados, ¡me encantan y tristemente no hay muchos lugares donde los pueda comprar, así que aprendí a hacerlos!

DÍA 65

ESCUCHE A SU CUERPO

Su cuerpo habla.

Aprendí que tenía que escuchar a mi cuerpo y que debía poner atención a lo que me decía. Busqué y busqué, hasta recopilar alrededor de 100 libros acerca de este tema.

Me encanta el de *Louise Hay*, en especial "Usted puede sanar su vida", creo que es un libro tan poderoso que nos enseña cómo nuestro cuerpo habla, qué representa cuando tenemos una enfermedad.

Y así como ese libro hay muchos otros más de otros autores, que se han dedicado a buscar arduamente como mejorar sus vidas y sanarlas.

Encontré en una parte del *Zohar, Volumen Pinchas,* que hablaba como se enfermaba nuestro cuerpo y entendí a profundidad como poder sanarlo.

Empezó mi proceso de sanación en el momento que decidí encontrar una solución, también en esos tiempos encontré algo muy poderoso: *Ciencias de la mente,* del doctor *Ernest Holmes.*

Eso llegó a cambiar mi destino. Entendí que podría sanar cambiando mi mente.

Hoy en día soy estudiante de esa filosofía también.

Su cuerpo habla, solo escúchelo y aprenda a comunicarse con él.

DÍA 66

DE CABEZA

Aunque sea de cabeza.

Un día entendí que mi mundo estaba de cabeza y que mi vulnerabilidad me dejaba sin poder. Quería escribir un libro, pero no sabía escribir. Quería hacer cosas grandes, y luchaba arduamente por ser una niña normal. Gracias a Dios un día entendí que esa Energía Suprema nos había hecho Únicos. Que no necesitaba ser normal que solo tenía que ser Yo: *Mi Perfecto Yo.* Así surgió este libro en esos momentos de lucha.

Aprendí en *Mi Perfecto Yo:* Que no era la mujer que pesaba 245 libras y luchaba contra todo por pesar 140 libras, que Dios me dio el cuerpo que necesito para cumplir cabalmente la misión divina que se me encomendó en esta vida.

Me di cuenta en *Mi Perfecto Yo:* Que Valía mucho más de lo que creía y no era la cenicienta que esperaba al príncipe azul para solucionarle y rescatarle la vida. Decidí ser la mujer fuerte, exitosa, empresaria, feliz y productiva; que pudiera hacer de cualquier hombre el príncipe azul.

En *Mi Perfecto Yo* aprendí: Que no eran todos los fracasos que tuve cuando empecé mi compañía, las 4 corporaciones que fracasaron, pero cada vez que abría una, cada vez más lo hacía más sabiamente. Y el único fracaso era no volver a empezar con toda la experiencia adquirida.

Así surgió *I Am Love, Prosperity & Crystals Corp/Energía del Corazón Cósmico.*

Mi Perfecto Yo me enseñó: A ver que no era la mujer que todos respetaban y admiraban, sino la mujer que se amaba incondicionalmente, que se alejó de toda la gente tóxica, que dejó de regalar su tiempo, y lo empezó a usar para construir sus sueños. La mujer que a todo decía "sí" y de la noche a la mañana empecé a decir "no" a todo lo que no me diera valor, felicidad y abundancia.

Mi Perfecto Yo: No fueron mis fracasos, ni mis divorcios, ni las bancarrotas y mucho menos era las enfermedades, eso era solo lo que me habían hecho creer. Y fue entonces que encontré que:

Yo Soy Amor
Yo Soy Vida
Yo Soy Luz
Yo Soy Paz
Yo Soy Poder
Yo Soy Belleza
Yo Soy Una Mujer Exitosa en los Negocios y la Vida
Yo Soy Abundancia
Yo Soy Salud
Yo Soy Prosperidad
Yo Soy Una Chispa Divina
Yo Soy Liz Arizbeth Rojas
Yo Soy Energía del Corazón Cósmico
I Am love, Prosperity & Crystals Corp.

DÍA 67

EL TIEMPO DE DIOS

Por mucho tiempo pensé que lo que me faltaba tener cuando lo tuviera sería feliz, y créame, era en varias áreas de mi vida.

Pensaba que cuando me casara sería feliz y me casé pensando que sería para toda la vida. Pero unos meses después llegó el divorcio en mi primer matrimonio.

Pensé que cuando fuera Gerente de la compañía a la cual trabajaba, sería feliz. Llegué a la posición de Gerente de Operaciones y mi salud se deterioró dramáticamente.

Pensé que cuando tuviera mi negocio sería feliz, fracasé una y otra vez; el negocio de mis sueños no era tan fácil como pensé. Puse el corazón y no la cabeza, aprendí a hacer el negocio con la cabeza y con inteligencia divina, pero como base el amor.

Fue hasta que un día supliqué a Dios, ¿qué más tengo que hacer? Dame el mérito de transformar mi vida. En la Kabbalah había aprendido a escanear el Zohar y lo hacía todas las noches, pero también aprendí hacer *Mikve* y empecé hacerlo casi diario.

Las cosas se empezaban a cambiar poco a poco. Un día mi maestra bendita, me dijo algo de una manera que no quedó duda en mí:

"Los tiempos de Dios son Perfectos Liz. El hombre correcto llegará a tu vida cuando seas la mujer correcta. El negocio empezará a florecer cuando tengas la humildad de reconocer que es un negocio de Dios. Tus Finanzas

dejarán de estar en rojo, cuando aprendas a administrar lo que tienes. El Éxito te llegará cuando no tengas miedo al fracaso. Tú vida va a cambiar en el Tiempo de Dios, no en el tuyo".

¡Eso impactó mi vida! A partir de ese momento empecé a crear *Mi Perfecto Yo*.

Y un día Dios puso en mis manos el negocio correcto. Él cruzo mi camino con un hombre noble, con mi compañero de vida, mi último esposo.

Dios me dio la habilidad de ser una experta en resolver problemas. Me dio una vida donde disfruto, agradezco y bendigo cada cosa que hago.

Él me dio la libertad de volar y disfrutar de una vida plena, completa y perfecta. Disfruto cada cosa que hago. Tengo diferentes negocios que fui construyendo a través del caos. Todos ellos fueron basados a transformar mi propia vida.

La venta de cuarzos y minerales, tenemos envíos a todas partes del mundo.

Las clases y Talleres donde transformamos la vida de las personas.

Distribuidora Independiente y Aceites esenciales Young living.

Mi línea Aceites Holísticas "Gotitas de Luz".

Mi línea de Jabones Holísticos. "Espuma de Luz"

Distribuidora independiente Rodan and Fields.

Brazaletes de cuarzo canalizados.

Joyería de cuarzo diseñada y hecha por mí.

Un programa de radio en línea cada semana.

Y aún hay más cosas que quiero lograr y sé que todo llegará al tiempo de Dios.

DÍA 68

EL ESPEJO

El espejo dice:
¿Ha escuchado de la terapia del espejo alguna vez? Personalmente lo escuché algo muy tonto al principio, no entendía y no le veía sentido, hasta que después uno de mis mentores me dijo: "¿Qué es lo que ves en el espejo cuando te miras cada mañana al peinarte?"

Mi respuesta fui inmediata: "Lo maltratado de mi cutis, las canas, arrugas y todo el descuido de tantos años".

Él me sugirió verme al espejo cada mañana y decirme frases positivas, aunque honestamente no me funcionó al principio.

Estaba en el "Curso de Empresarios del Futuro: Primer nivel", en el cual nos indicaron lo que mi Mentor ya me había dicho y no me había funcionado, así que esta vez lo intenté de nuevo. Después nos indicaron los instructores, que entre compañeros de clase nos dijéramos frases positivas para interactuar entre todos.

La compañera que me tocó me empezó a decir lo bonito que eran mis ojos, lo bueno que era tener mis dientes completos, la ventaja de mi cabello lacio y así siguió la lista…

Aprendí que yo sólo conocía de mi historia, al siguiente día empecé a poner en práctica la terapia del espejo, pero la hice muy a mi manera: Por cinco minutos cada día en la mañana me observaba y empecé a hablarle mi niña interior.

Persona que yo veía antes con tanto descuido, le empecé a recordar todo lo poderoso que era la bella infancia que había tenido, todos los buenos momentos que venían a mi mente; le empezaba a decir todas las cualidades que Dios le había dado y así mismo empecé a ver la belleza dentro de mi alma.

Comencé a ver la luz a través de ese espejo, imaginé a la mujer sonriendo, a la persona libre de deudas, con la libertad de tiempo, para hacer lo que quisiera hacer.

De esa manera hablé con esta niña pequeña, recordándole cuál era su misión terrenal y cuál había sido la razón por cual Dios le había dado una oportunidad más.

En vez de comenzar a hablarle a la mujer que veía, empecé hablar a mi niña interna, por lo que me funcionó muy bien.

En nuestra cama hay un par de muñecos que son de mi esposo y míos, de nuestros niños interiores, que nos recuerdan nuestras bellas infancias y que no debemos dar y descuidar a nuestra niña y niño internos.

En el espejo ahora tengo una foto de mí, cuando era pequeña y le hablo, siempre le exclamo cuánto la amo.

El tener la muñeca en mi cama al irme a dormir, es recordar lo poderoso que es ser una niña amada.

¡Ame a su niña (o) interno!

DÍA 69

LA SALUD

Aprendí que *Mi Perfecto Yo* no era la persona a quien tumbaba la enfermedad, pude ver que sin la salud no iría ni a la esquina de mi casa.

Aprendí a escuchar mi a cuerpo.

Aprendí todo lo que al principio de este libro le compartí, aunque a veces nada de eso funcionaba.

Un día alguien me habló de *Science of the mind,* encontré aquí en Chicago, *Oak park Church of Religion Science.* Empecé a atender a casi todas sus clases, pude notar una transformación en mi vida, inmediatamente mi salud empezó a mejorar.

Ahí aprendí los *Tratamientos Espirituales,* como ellos les llaman, que son en realidad *la oración de ver el bien dentro de una situación.*

Pero lo más importante es que estoy en el proceso de seguir aprendiendo cómo transformar mi vida con su filosofía.

Empecé a hacer este tratamiento a mí misma cada noche antes de dormir. Y ahora lo comparto aquí, por si tiene algo que físicamente tengas que sanar.

"Declaró la Salud de Dios. Él es todo lo que hay. Él está en todas partes, es Omnipresente. Solo hay unidad, y esa unidad es lo que yo llamo Dios. Este Ser es perfecto, radiante de salud y bienestar.

Dios es la salud de los huesos que crecen, las articulaciones que se mueven suavemente, los órganos que funcionan perfectamente, un corazón que late, los pulmones que respiran, un hígado que purifica, los riñones que limpian, los ojos que ven y los oídos que escuchan. Él no conoce dolor, porque Dios es perfección, es bienestar ilimitado, armonía y equilibrio.

Yo soy uno con Dios. Él vive en mí, a través de mí, como yo. No hay lugar en mi cuerpo que la perfección de Dios no habite. Él es la perfección divina que fluye a través de mi cuerpo en todo momento. El patrón divino de perfección que está en cada célula de mi cuerpo. Mi cuerpo recuerda el bienestar. Mi cuerpo funciona con cualquier medicamento o tratamiento que tome para sanarme. Mi cuerpo es una expresión perfecta de la salud divina. Cada célula del cuerpo hace lo que se supone para una salud perfecta. Me siento bien, me siento saludable, me siento equilibrado. Estoy relajado. Todo está bien conmigo.

Estoy muy agradecido por este cuerpo, por lo que me ayuda a experimentar, por la alegría que me brinda. Estoy agradecido por cada persona que afirma una salud perfecta. Estoy agradecido por la Ley que toma cada afirmación de salud y la lleva a la manifestación.

Libero mi palabra a la Ley, sabiendo que se me ha cumplido. Experimento completo y completo bienestar.

¡Y así es, lo declaro con toda mi alma!"

DÍA 70

EL DINERO

Que erróneo concepto tenía del dinero, este tratamiento y afirmación, me están sacando de las deudas a una vida realmente próspera.

Me da risa cuanta gente va por ahí dando seminarios de finanzas, pero no tienen ni para invitarte un café. Otros que como yo estaba, pasan una vida tapando un hoyo y destapando 10. Muchas otras personas que sólo viven estafando a quien se deje, pero quieren que les vaya bien. Creo que mis brazaletes más vendidos son los que dan poder con el dinero.

Bien aquí está mi secreto: "Tuve que ser constante en transformar mi mente y atender cada jueves la clase de prosperidad, sin embargo; hoy sigo en esa clase y sigo practicando".

Empecé a decirme todo el tiempo:

- ✓ "Dios provee todas mis necesidades ahora".
- ✓ "Dios es mi Socio".
- ✓ "Mi Negocio es de Él".
- ✓ "Nada me faltará, hoy Dios me llena de su banco infinito del Universo mis cuentas de banco".
- ✓ "El Dinero me llega de todas partes".
- ✓ "Soy una gran administradora de las riquezas del universo".

✓ "Dios me bendice para que todo el dinero que llega a mí se me multiplique".

Y así comencé a aprender y a crear mis propias afirmaciones y a ponerlas en mi mente con mucha disciplina. También inicié a hacer este tratamiento. ¡El dinero es Dios en acción!

El universo me apoya y me mantiene en libertad, porque Dios es la Fuente y la continuación del bien. La Mente que me creó me sostiene. El dinero es el medio de Dios para darme facilidad y libertad. Es el símbolo del Suministro Divino que me mantiene para siempre con comodidad. Uso el dinero para la gloria de Dios, el bien de mis semejantes y la facilidad de mi propia experiencia.

Creo que Dios quiere que sea feliz y próspero. No quiero el dinero de nadie más porque Dios me da la posibilidad de ganar el mío. Mi capacidad de ganancia depende de mi conciencia, y ahora tengo una conciencia próspera. Recibo dinero con aprecio y lo gasto con sabiduría.

Sé que Dios es mi fuente de suministro y que más dinero fluye para llenar todas mis necesidades. Pienso en términos grandes y generosos. Ahora dejo que el dinero aparezca de todas las formas posibles. Mi fe determina mi fortuna. El dinero es mío para usar, pero no para poseer. Circula en mi vida con facilidad. Conozco mi responsabilidad espiritual por el uso correcto del dinero. Es la manera de Dios de hacer mi vida libre.

¡Gracias Padre Celestial!

DÍA 71

EL AMOR

La energía más poderosa del planeta.
Un día mi maestro me dijo: "¿Quieres destruir a tus enemigos? Entonces mándales mucho amor.

Reaccioné inmediatamente diciéndole: "De ninguna manera, mire que es lo que ellos están haciendo, ¿cómo me pide que les mande amor cuando ellos están destruyendo mi vida?"

Con su voz me susurró al oído me dijo: "Nadie te está destruyendo, eres tú la única que te estás destruyendo".

Era 2010 y mi conciencia estaba por el piso, así que no lo entendí en ese momento. Con el paso del tiempo fui entendiendo, pero mi vida sentimental era una montaña rusa. Sí, una montaña rusa, encontré hombres extraordinarios, que pensé que eran mis almas gemelas. Pero cómo quería encontrar mi alma gemela si ni yo misma me amaba.

Empecé a trabajar en mi persona de manera ardua, convirtiéndome gradualmente en lo que quería encontrar en alguien más.

Inicié una trasformación trascendental en mi vida, comencé a vibrar en amor incondicional. Y como dice el dicho: "Mi compañero de vida llegó, entre esa montaña de sube y baja de relaciones fallidas".

Comencé por declarar qué era lo que yo tenía

para ofrecerle, decretando cómo sería nuestra vida juntos. Le hablaba aún sin conocerle. Me preparé intensamente para ser la mujer correcta para ese hombre, aunque consideraba que no había nada que perder después de tantos fracasos dolorosos.

Aquí algunos de mis mantras que le pueden ayudar a sanar internamente, si los aplica cotidianamente en su vida:

"Inteligencia Infinita, tú qué sabes dónde está mi compañero de vida, dile que estoy aquí completa y perfecta, con muchas bendiciones para compartir".

"Padre Todopoderoso, dile a mi compañero de vida que hay mil cosas por hacer juntos, con el mérito de reunirnos en esta existencia".

"Dios tú creaste un hombre correcto para mí, cuando sea el momento perfecto, permíteme unir mi vida, mi casa y mis sueños con los de él".

"Inteligencia Infinita, dame el mérito de un hombre noble, un hombre de valores y sentimientos buenos. Alguien libre de compromisos, alguien cariñoso. Un hombre que le dé soporte a mi vida, a mi casa, a mi vida espiritual y a mis sueños. Esa persona especial está también buscándome y solo es cuestión de tiempo para encontrarnos".

"Yo soy Amor. Dios me creó un ser de amor y luz".

Y aquí está el tratamiento que hacía para el amor:

Hay una Inteligencia Divina presente en todas partes. Es el Creador que crea todo. Me crea, fluye a través de mí, me apoya y expresa como yo. Soy inteligencia creativa en acción.

Tengo dentro de mí toda la confianza, el carisma,

la compasión y la comprensión para atraer hacia mí una relación profunda, satisfactoria y amorosa con una pareja amorosa y comprometida. Irradio las cualidades que quiero en otra persona. Sé que en algún lugar hay alguien que necesita y quiere una relación amorosa conmigo. Me conecto con una relación comprometida que es mutuamente beneficiosa, mutuamente satisfactoria y mutuamente amorosa. Estamos intuitivamente en armonía; nos amamos y disfrutamos el uno al otro tal como somos. La Mente Infinita se mueve debajo de la superficie para unirnos. Agradezco y doy gracias por esta relación correcta y perfecta, y más. Libero mi palabra al Universo... ¡Sabiendo que ya es así ¡Y así es!

DÍA 72

LISTA DE 100

Compré una libreta nueva y empecé escribir 100 cosas que representaran *Mi Perfecto Yo*.

Una lista de 100 cosas que quisiera tener o hacer. Y esta es una de esas 100 cosas ya manifestadas: Comencé a decretar cada mañana "quien soy". Y después leerle a esa inteligencia infinita mi lista de 100.

Encontré que *Mi Perfecto Yo* era la mujer que me convertí en el proceso. La mujer que empezó a lograr esas 100 cosas, la mujer con la libertad de tiempo, con un negocio de Dios.

En mi caso, recuerde que apenas estoy comenzando, pero este es una de las 100 cosas ya manifestadas.

Mi Perfecto Yo no solo era eso. Sé que de nada serviría encender mi luz si no puedo iluminar a otros.

Un negocio no es próspero ni bendecido si no transforma a otros. No se puede ser perfecto sin haber puesto todo lo imperfecto enfrente. No podría empezar algo nuevo sin haber cerrado todos los círculos, pero lo principal es que usted haga con *Su Perfecto Yo* y su lista de 100.

Gracias por haberse cruzado en mi vida,

Gracias por existir,

Gracias por ser *Su Perfecto Yo,*

Y no se olvide qué hay una lista de 100 donde

hay más libros que saldrán al público en el tiempo de Dios.

¡Un fuerte abrazo a su alma!

Continuará...

⚜

EPÍLOGO

Sé que estas páginas pudieron tocar algunas partes de *Su Perfecto Yo*, en estos 72 días de la montaña rusa de transformación.

Gracias al Universo que cruzó nuestro camino, juntos llegamos a este estado de amor incondicional a uno mismo, activando nuestra chispa divina.

Y creo que era hora de ponerlo disponible para usted, por medio de este libro en donde quiera que se encuentre.

La intención de compartir fue crear una nueva forma de vivir un mundo de transformación, en donde no hay límites, donde todo es posible. Y sé que no es fácil creerlo cuando lo está viviendo.

¡No está solo! Este libro es el *GPS* de cómo salí de aquella situación en la que me encontraba, bendigo el momento donde Dios puso este libro en sus manos.

Sígame, que aún nos falta conquistar el mundo, impactando la vida de más personas y empoderándolas a la transformación de encontrar *Su Perfecto Yo.*

¡Nos vemos en el próximo libro!

Con amor, cariño y respeto…

ACERCA DE LA AUTORA

Liz Arizbeth Rojas Campos nació en "Barrio Bravo de Tepito" D.F. México.

Proveniente de una familia de negociantes desde todas las generaciones. Entre los negocios de su familia se encuentran zapaterías, joyerías, restaurantes y puestos ambulantes 100%.

Terminó su carrera en la Ciudad de México, en Administración de Empresas Turísticas, con un Doctorado en Relaciones Internacionales. Muchos de sus estudios los realizó en colegios particulares, algunos años con monjas.

Su pasión desde muy pequeña era estudiar y atender el negocio de su familia, de una u otra manera siempre mantenía su vida ocupada.

Su reloj biológico siempre estuvo cambiando, pasaba las noches estudiando y dormía pocas horas, "inventaba la inmortalidad del cangrejo y nunca pudo ser normal".

Era una niña especial desde su nacimiento, con hiperactividad y dones de comunicarse con las energías positivas. Desde los 9 años estudiaba Ciencias Ocultas y le encantaba hacer remedios caseros cuando alguien se enfermaba.

Desde la niñez su familia notaba que era muy diferente a otras niñas, con una hiperactividad e inteligencia adelantadas de lo que cualquier infante de su edad.

La segunda parte de su vida se desarrolló en Chicago, donde ha enfrentado todos los retos que se les presentan a los inmigrantes, como la discriminación, no hablar el idioma, etc.

Ha luchado fuertemente como otras mujeres para progresar, decidió trabajar mientras continuaba sus estudios.

Cuando llegó a Chicago, empezó vendiendo elotes afuera de un supermercado, en donde permaneció alrededor de un año, posteriormente trabajó en fábricas, donde muy rápidamente conseguía posiciones de Gerente, por su persistencia.

Su gran deseo de superación la ha mantenido por veinte años en constante progreso, en donde probó diferentes oficios, laborando más de 12 horas continuas, sin importar que estuviera enferma.

Desde su juventud fue una líder nata, donde tomaba control de liderazgo en los Colegios donde asistía, llegando a desarrollar también ese liderato en los puestos ambulantes en su barrio.

Se mudó a Estados Unidos cuando tenía veinte años, viviendo muchas experiencias como otros inmigrantes que llegan al país de las oportunidades.

Su historia no es muy diferente a la de millones de personas que han venido desde su país. En su caso vino a vivir una aventura, eran sus años de rebeldía y le gustaban los retos. Vino por un año y al poco tiempo se regresaría, pero decidió permanecer en Estados Unidos, por 20 años.

Abrió su propio negocio en el 2011, cuando renunció a su último empleo, donde tenía 9 años laborando, siendo muy exitosa como Gerente de Operaciones.

Inició Energía del Corazón Cósmico, basado a la inspiración de ayudar a más personas a conocer el poder de los cuarzos, minerales y energía, así como de meditaciones.

Decidió hacer radio cuando vio que era una posibilidad de compartir todo su conocimiento con más personas al mismo tiempo y llegar a lugares del mundo que nunca imaginaba.

Tiene 3 Maestrías: En Minerales, Energía y Canalizaciones, que le permiten enseñar a la comunidad como vivir en su propio poder, con amor y armonía, siendo una transformación planetaria a nivel Universal. No proclama ninguna religión ni política, cree en la libertad de ser un Ser humano real y decidir que religión practicar sin manipular. Conoce exactamente el valor de cada ser humano.

Ella enseña cómo vivir una vida libre de miedos, en amor incondicional de la fuente, *Siendo tu propio Maestro*. Ama su misión terrenal, así como enseñar el poder de los cuarzos, que es su motor.

Su propósito de vida y negocio están basados en el despertar de conciencia con integridad y principios.

Ha participado en grupos comunitarios, iglesias, empresas privadas, organizaciones, siempre aportando un granito de arena a la comunidad.

Es miembro activo de su comunidad en Pilsen, en

organizaciones sin fines de lucro.

Participó en Landmark Foro, Avanzado y continuo en Seminarios.

También es un miembro activo de su Comunidad Espiritual en los Centros de Kabbalah. Permanece como una estudiante de la Kabbalah, de donde ha aprendido a dejar atrás todas sus creencias limitantes.

Además de ser una Maestro con más de 50 Certificaciones. Pertenece activamente a más de 3 Organizaciones Espirituales a nivel Mundial.

Liz Arizbeth es una persona emprendedora y visionaria, como ella misma lo describe en sus palabras:

"Soy un Ser humano vulnerable al dolor de otros, llena de pasión por lo que hago y con una energía inagotable. Todo lo que he logrado no ha sido por mi apariencia física, han sido noches intensas de estudio, trabajo arduo y mucha pasión para lograrlo. No soy producto de una casualidad, soy el resultado de una realidad. Creo firmemente que 'El Cielo no es el Límite, sino la fuerza que me inspira'. No le doy mi poder a nada ni a nadie, duermo poco, sueño en grande".

Radica actualmente en Pilsen, Illinois, los últimos 24 años, con su amado esposo, quien es su compañero de vida desde el 3 de octubre de 2017, mientras el resto de su familia siguen trabajando sus negocios en México.

Liz Arizbeth no cree en las coincidencias, sino en el poder de la fuerza de atracción, como ella misma lo expresa: "Sé que la vida nos cruzó por una razón y esa razón es vibrar en Amor Incondicional con el universo".

¡Yo soy amor! ¡Yo soy una Chispa Divina! ¡Yo soy Liz Arizbeth Rojas!

Para saber más acerca de Liz Arizbeth, sus presentaciones y materiales de apoyo, comunicarse al: (773) 619 4537 o en el sitio web: www.lamcrystals.com

LizArizbethRojas, CCH
Maestra Certificada
Cuarzos, Energía,
Transformación
Canalizaciones

Liz-ArizbethRojas
Energía del Corazon Cósmico

Energía del Corazón
Cósmico

LizArizbeth Rojas

LizArizbeth

LizArizbethRojas

ACERCA DE ALEJANDRO C. AGUIRRE

Alejandro C. Aguirre es el Fundador y Presidente de la Corporación *Alejandro C. Aguirre, Corp.* Para el Desarrollo Humano y Superación Personal & *Alejandro C. Aguirre Publishing / Editorial, Corp.* Editorial dedicada a la difusión de libros, e-books y audiolibros de Desarrollo Personal, Liderazgo y Motivación.

Su misión es contribuir al desarrollo y la transformación de individuos, grupos y organizaciones. Con un enfoque en la productividad personal, la motivación y la autoayuda. Para cumplir este objetivo ofrece conferencias en vivo y en internet, libros y productos en audio y video en una variedad de temas incluyendo: Superación personal y familiar, motivación, ventas y liderazgo.

Con la meta primordial de impactar a todos los participantes, creando una introspectiva y un reto personal que los lleve a alcanzar una vida más feliz y abundante.

Alejandro C. Aguirre, desarrolla capacitaciones, seminarios, talleres y cursos de Ventas, Liderazgo, Motivación, Superación Personal, El Poder de la Actitud Mental Positiva, IQ e Inteligencia Financiera, Cómo Hablar en Público & Persuadir a la gente, Cómo escribir un Libro, Maquinaria Mental y Re-Ingeniería Mental. Sus clientes y público incluyen empresas de venta directa, escuelas, empresas privadas y públicas, así como iglesias, ministerios y organizaciones no lucrativas.

Nació en el bello estado de Tlaxcala, México. Ha compartido con el mundo sus diecisiete primeras obras: *"El Camino a la Excelencia"*, *"Diseñados Para Triunfar"*, *"Invencible"*, *"Las Siete Gemas del Liderazgo"*, *"Re-Ingeniería Mental"*, *"El Gran Sueño del Pequeño Alex"*, *"Re-Ingeniería Mental II"*, *"La Verdad del Espiritismo"*. *"Re-Ingeniería Mental en Ventas"* *"Re-Ingeniería Mental en el Arte de Hablar en Público"*, *"El Gran Sueño del Pequeño Alex 2"*, *"Vitaminas Mentales para Condicionar una Mente Positiva"*, *"Respirar es Esencial para Vivir"*, *"Amor Propio"*, *"Renovación"*, *"Huellas de Dios"* y *"La Fuerza de Voluntad"*, así como la versión *e-book* y audiolibro de todas sus obras.

Alejandro participa como *Role Model* (Modelo a seguir) en el Programa *Reaching Our Dreams* (Alcanzando Nuestros Sueños) de Save Latin America, un Programa de Motivación para educar a los niños e inspirarlos a terminar su escuela y lograr sus sueños. Este Programa ha sido presentado desde el año 1998 por más de 300 ocasiones en 110 escuelas localizadas en 12 ciudades. Más de 500 líderes comunitarios han compartido sus experiencias y dificultades con más de 130,000 estudiantes desde el tercer grado hasta el doceavo grado.

Además, es instructor de UDEMY (Plataforma de cursos *online* de éxito), donde comparte con sus alumnos su experiencia a través de sus conferencias, seminarios, talleres y cursos en línea.

Ha aparecido en múltiples programas de televisión y radio tales como: Univisión, Telemundo 47, Telefórmula USA, La Revista Semanal TV Show, Aquí TV Show, Fama Y Misterio, Programa de Televisión Vida Grandiosa, Radio Activa New York, La Rumberita, La Invasora, Mundo Net Radio, De Todos y para Todos 89.3 FM Digital New York, Radio Comunidad USA Y El Mágico Mundo de los Libros en Iglesia de Sion Radio- Radio Comunitaria New York.

También en algunas revistas Neoyorquinas como: "Latino Show Magazine" y "FEM Multicultural Magazine". Además de ser el Productor, Presentador y Locutor del Programa de Radio "Re-Ingeniería Mental: Reprograma tu Mente y Transforma tu Vida", que se emite para todo el mundo desde Nueva Jersey y Nueva York. También ha compartido en otros medios de comunicación haciendo columnas de motivación y en algunas entrevistas en periódicos como: "El

Diario de México USA", "Poder Latino USA", "El Especialito", entre otros medios más.

Alejandro C. Aguirre ha motivado e inspirado miles de personas en todo el mundo con sus conferencias y libros. Ha sido descrito por la editorial Palibrio como autor del mes por su buen ejemplo a seguir con sus obras, visión y filosofía en el mundo de la motivación y superación personal. Y como él lo expresa en sus obras: *"El que no se atreve a pensar y actuar en grande, jamás logrará algo extraordinario en su vida"* y *"Reprograma tu Mente y Transforma tu Vida".* Estas ideas, pensamientos y aportaciones forman parte de la filosofía y fórmulas de éxito de este joven autor, las cuales son tesoros invaluables y perdurables para muchas generaciones.

Alejandro siempre se ha caracterizado como una persona visionaria, vanguardista, e innovadora, siempre al servicio de la humanidad. Para información de conferencias y otros materiales de apoyo visite:

www.AlejandroCAguirre.com

OBRAS DE ALEJANDRO C. AGUIRRE

- "El Camino a la Excelencia"
- "Diseñados Para Triunfar"
- "Invencible"
- "Las Siete Gemas del Liderazgo"
- "Re-Ingeniería Mental"
- "El Gran Sueño del Pequeño Alex"
- "Re-Ingeniería Mental II"
- "La Verdad del Espiritismo"
- "Re-Ingeniería Mental en Ventas"
- "Re-Ingeniería Mental en el Arte de Hablar en Público"
- "Vitaminas Mentales para Condicionar una Mente Positiva"
- "El Gran Sueño del Pequeño Alex 2"
- "Respirar Bien es Esencial para Vivir"
- "Amor Propio"
- "Renovación"
- "Huellas de Dios"
- "La Fuerza de Voluntad"

Así como la versión *e-book* y audiolibro de todas sus obras.

Liz Arizbeth Rojas

TESTIMONIOS

Mi gran amiga Liz:

Así como ella encontró *Su Perfecto Yo*, también me ha ayudado a encontrar el mío. Una persona clave he importante para mí éxito, cada consejo y palabra me han ayudado a construir y fortalecer mi negocio. Me ha enseñado a valorar y apreciar cada situación.

Siempre aprendiendo de esta gran maestra, me siento muy afortunada de conocer este ser tan maravilloso. *Mi Perfecto Yo*, el título perfecto para definir a una persona auténtica, real, sin prejuicios; un gran ser humano que todo te lo da con el corazón en la mano.

¡Gracias amiga! ¡Bendiciones!

—*Lilia Chairez*
Presidenta de Chairez Income Tax

Un día sentí que mi vida acababa. Estaba apenas recuperándome de una delicada cirugía y pasando por una seria depresión. Tenía una infinidad de problemas personales.
Una amiga me habló de Liz, yo no tenía absolutamente la menor idea de que se trataba, pero

en mi condición pensé que no tenía nada que perder, cualquier cosa era bienvenida.

Desde el día que la conocí en el local que tenía en ese momento, sentí una paz muy grande, aunque no tenía fe, ni conocimiento de aquello, comencé a usar sus cuarzos y aplicar sus enseñanzas.

Mi vida no cambió de la noche a la mañana, inclusive hubo momentos que empeoró la situación. Liz nunca me soltó de su mano.

Comencé a ver más claro, a entender por qué y para qué me pasaban las cosas. Todo lo aprendido y su producto me ayudó a dirigir mi vida hacia donde estoy hoy en día. Mi camino se hizo recto y comencé a ver más claro mi propósito de vida.

Gracias a su paciencia, dedicación, su amor incondicional, el dar de sí misma, hicieron para mí una columna principal para empezar a construir mi recuperación.

Poco a poco fui aprendiendo, entendiendo y transformándome gracias a su guía y enseñanzas.

Hoy, con mucho orgullo puedo decir que cuento con el privilegio de no tan sólo ser su alumna y su cliente, sino también su amiga.

Mi vida cambió con un giro de 180 grados, el día que Liz llegó a mí. Como dice una canción: "Liz, gracias por tanto amor".

¡Gracias por tu dedicación! No dejes de compartir tu luz con toda la gente que te necesitamos.

—*Liz de Ámbar*

(La cubana de fuego, Promotora, Presentadora y Cantante).

Conocí a Liz Arizbeth Rojas en el "Programa de Empresarias del Futuro", que proveía un entrenamiento para Mujeres de Negocios, del cual yo era Directora.

Liz tuvo un gran impacto en mí, a través de su ejemplo de tenacidad y perseverancia por alcanzar sus metas de negocio, pero también personales.

Liz es una gran mujer que se ha desarrollado como Líder empresarial. Tiene un gran talento para expresar con claridad sus reflexiones de vida y ser un ejemplo para muchos de nosotros, que hemos estado cerca de ella en algún punto en su vida.

Tiene una gran pasión por lo que hace y un gran conocimiento sobre el campo profesional donde ella se desarrolla.

Tiene gran temple y sabe superar dificultades y barreras para después compartir con otros sus experiencias, inspirándolos a superarse, aun en contra de las barreras más difíciles.

Ella sabe enseñar a otros a través de su ejemplo de vida. Es admirable por su diversidad de talentos, su capacidad intelectual, al igual que por su carisma, don de gente y buen corazón.

Estuve a cargo de su entrenamiento de negocios, pero he aprendido yo más de ella a través de estos años que llevo de conocerla, confirmando que el "alumno supera al maestro".

—*Claudia Alcántara*

Fundadora y Ex Directora del Programa Educativo "Empresarias del Futuro de Mujeres Latinas en Acción".

(Former Empresarias del Futuro Program).

¡Felicidades en tu libro! Me ayudaste a superar miedos, a aceptarme y quererme tal y cual soy. ¡Mil gracias!

—*Martha Jiménez*

Te conocí en el 2011, lo primero que me enseñaste fue a vibrar en lo que hacía y a hacer las cosas con conciencia. Y del 2011 a esta fecha, me ha tocado mirar tu transformación y si tú puedes todos podemos.

—*Ofelia Del Toro*

Hola mi hermosa Liz, te conocí en abril 2015 y has sido de gran bendición a mi vida. Me has enseñado a trabajar con mi propia negatividad. He recibido valiosos consejos cuando más los he necesitado y me has ayudado a ser una mejor versión de mí misma. ¡Gracias infinitas por compartir tus conocimientos y ayudarme a tener una conciencia diferente! ¡Te quiero mucho!

—*Susie Dlt*

Liz, te conocí en Facebook, el participar en *Mi Perfecto Yo,* y bajo tu guía aprendí a dejar mis miedos, aceptarme como soy, como estoy, cuidarme y comer delicioso sin culpas, haciendo pequeños cambios un día a la vez. Podría seguir detallando todo lo que me has ayudado, pero mi testimonio sería largo. ¡Gracias, gracias por todo tu tiempo!

—Gloria Gutiérrez

¡Bendiciones! Que impactes a más almas como has impactado mi vida, y poder así, disfrutar la vida con conciencia, persistencia y amor incondicional.

—Ignacio B. González

Me trasmitiste la seguridad y el amor por los cuarzos. Te conocí a distancia desde hace 2 años. ¡Gracias por todo!

—Norma C. Marroquín

ALEJANDRO C. AGUIRRE
PUBLISHING/EDITORIAL, CORP.

OTROS TÍTULOS EN ESPAÑOL

- Brillo en Tu Interior (Santa I. Rodríguez)
- Como Ser una Persona Resiliente (Gabriela Domínguez)
- El Árbol de la Sabiduría (Santa I. Rodríguez)
- El Camino a la Felicidad y El Éxito (Israel Vargas)
- Emociones Que Dañan (Alvin Almonte)
- El Poder de Conocerse a sí mismo (Lucio Santos)
- El Poder de la Fe y la Esperanza (Minerva Melquiades)
- La Guerrera Soñadora (Mercedes Varela)
- Rompiendo Barreras Mentales (Miguel Urquiza)
- Una Vida con Enfoque (Lucio Santos)
- Yo Quiero, Yo Puedo y lo Haré (Yenny Amador)
- Cuando Decidí Emprender (Jeanneth C. Rodríguez- Gutiérrez)
- Catálogo 2017- 2018 (Abraham Sermeño)
- Belleza Espiritual (Ninfa Siskos)
- La Nueva Potencia (Juan F. Ramos)
- El Tesoro de la Vida (Jaime Iván)
- Despertar (Angela Soto)
- Lo Que Callamos como Mujeres (Dana Morales)
- Lo Que Callamos como Mujeres II (Dana Morales)

- El Sueño del Pequeño José (José Francisco Huizache Verde)
- ¡Podemos Hacerlo! (Catalina Suárez)
- Voces y Cantos del Alma (Sylvia E. Campos)
- Voces y Cantos del Alma II (Sylvia E. Campos)
- Corazón Poético (Angela Soto)

Información y ventas ver "CATÁLOGO OFICIAL" en www.alejandrocaguirre.com

ALEJANDRO C. AGUIRRE, CORP. &
ALEJANDRO C. AGUIRRE
PUBLISHING/EDITORIAL, CORP.

Nuestra misión es contribuir, a través de cada libro y el mensaje que nuestros autores quieren transmitir, con el desarrollo y la transformación de individuos, grupos y organizaciones, enfocados en la productividad personal, la motivación, la autoayuda, la transformación, la salud, sanación y la evolución de todos como humanidad.

Las obras impresas o digitales y productos en audio y video, a la par que las Conferencias y los Seminarios en vivo o vía Internet, incluyen una variedad de temas en: Superación personal y familiar, Motivación, Liderazgo, Inteligencia Financiera, Ventas, Salud Mental, Física, Nutrición, Re-Ingeniería Mental, Novela y Poesía, entre otros.

Alejandro C. Aguirre, mexicano residente en Estados Unidos, fundó y preside en la actualidad *la Corporación, el Store y el Publishing/Editorial, Corp.*

"Las cosas que quiero saber están en los libros; mi mejor amigo es aquel que me recomienda un libro que no he leído".

—Abraham Lincoln

MI PERFECTO YO

Made in the USA
Middletown, DE
26 February 2019